네트워크 비즈니스가
당신에게
알려주지 않는 42가지 비밀

네트워크 비즈니스가 당신에게
알려주지 않는 42가지 비밀

1판 1쇄 인쇄 | 2012년 03월 10일
1판 1쇄 발행 | 2012년 03월 15일

지은이 | 허성민
발행인 | 이용길
발행처 | 모아북수 MOABOOKS

기획총괄 | 정윤상
관리 | 정 윤
디자인 | 이룸

출판등록번호 | 제 10-1857호
등록일자 | 1999. 11. 15
등록된 곳 | 경기도 고양시 일산구 백석동 1332-1 레이크하임 404호
대표 전화 | 0505-627-9784
팩스 | 031-902-5236
홈페이지 | http://www.moabooks.com
이메일 | moabooks@hanmail.net
ISBN | 978-89-97385-10-2   03320

모아북수 MOABOOKS는 독자 여러분의 다양한 원고를 기다리고 있습니다.
(보내실 곳 : moabooks@hanmail.net)

네트워크 비즈니스가
당신에게
알려주지 않는
42가지 비밀

허성민 지음

모아북스
MOABOOKS

네트워크 비즈니스 제대로 알아보자

세상에는 셀 수 없이 많은 종류의 비즈니스가 있다. 노동부 조사에 따르면 대한민국 내에만 약 1만2045가지의 직업이 있다고 한다. 그러니 세계적으로는 얼마나 많은 직업이 있을 것인가?

그렇다면 여러분은 이 중에 몇 가지의 직업을 알고 있는가? 또한 자신이 가져볼 수 있는 직업 수가 몇 가지라고 생각되는가? 아니, 이런 질문에 앞서 다른 직업에 관심을 가지거나 직업을 바꿀 생각을 해본 적은 있는가?

사회에서 우리 모두는 각자의 잡(Job)로 생계를 꾸려간다. 또한 그 안에서 새로운 인간관계를 형성하며 진정한 사회인으로 거듭난다.

하지만 최근 치열한 생존 경쟁에서는 자신에게 맞는 비즈니스를 통해 사회인의 반열에 서는 것 마저 어렵다. 낙타가 바늘구멍 통과 하기보다 어려운 고임금 직장에만 목매다 보니 대부분은 바로 곁에 있는 기회마저 놓치고 살아간다. 보다 넓은 안목으로 직업을 바라보고, 한정된 직장보다는 오히려 자신의 부가가치를 창조하고 높여갈 수 있는 직업을 찾아야 살아남을 수 있다는 현실적 감각을 잃어가고 있는 셈이다.

더 넓은 안목으로 네트워크비즈니스를 바라보라

네트워크비즈니스를 시작하는 경우에도 마찬가지다. 무작정이 비즈니스를 무지갯빛으로 바라보기에 앞서 반드시 짚고 넘어가야 할 부분들이 적잖다. 물론 네트워크비즈니스는 무려 반세기나 지속된 그 오랜 역사를 통해 시스템의 탁월함을 인정받았고, 세계적으로 수많은 억만장자들을 탄생시켰다.

또한 지금까지도 그 시스템이 다양한 형태로 변화 발전하면서 개인과 조직의 성장에 기여하고 있다.

그러나 막상 네트워크비즈니스를 바라보는 우리의 안목과 현실은 그 성장 폭을 따라잡기에 역부족인 듯하다.

　최근 한 일간지의 보도에 다단계에 빠진 대학생들의 기사가 등장한 적이 있다. 대학 등록금에 허덕이는 대학생들이 피라미드, 불법 다단계에 빠져 오히려 빚만 지고 수렁에 빠지는 피해사례가 증가하고 있다는 것이다. 뿐만 아니라 불법 피라미드가 저소득층, 은퇴자, 명예퇴직자 등에게도 적잖은 피해를 입히고 있다는 것이 기사의 요지였다.

　이는 한 가지 사실을 명확하게 보여준다. 우리는 어떤 일을 시작할 때 반드시 그 전체적 설계도를 간파하고, 거기에서 닥쳐올 수 있는 위험과 한계에 대해서도 알아야 한다고 배워왔다. 그런데 놀랍게도 많은 이들이 네트워크비즈니스에 발을 들여놓을 때는 합리적이거나 비합리적인 사안들을 전혀 체크하지 않는다. 그 원인은 과연 무엇일까?

왜 우리는 잘못된 투자와 비즈니스에 현혹되는가?

첫째, 방어적 사고 체계 때문이다. 인간의 사고체계는 자신에게 유리한 것만 받아들인다. 아무리 경고하고 위험성을 말해줘도 자신의 계획에 이득이 되는 것 위주로 받아들이게 된다.

둘째, 아무도 진실을 말해주지 않았기 때문이다. 불법 다단계는 건전한 네트워크 비즈니스와는 질적으로 다르다. 이들은 진실을 감춤으로써 일확천금의 꿈을 부풀릴 뿐, 네트워크비즈니스의 합리적 체계와 진짜 의미에 대해서는 말해주지 않는다.

대부분 네트워크비즈니스는 결코 한 번에 부자가 되는 법을 가르쳐주는 마술의 비즈니스가 아님에도 과정을 제외한 결과만을 강조해 사람들을 현혹한다. 만일 지금 당신에게 누군가 "지금 당장 부자가 되게 해주겠다."라고 말한다면 그 사업은 불법 피라미드성 다단계일 가능성이 아주 높다.

셋째, 성공은 단계를 밟아나가는 과정 그 자체에서 시작된다는 점을 간과한다.

최근 우리 사회는 '대박의 꿈'에 흥청거리고 있다. 한 번에 돈과 성공을 거머쥐는 기적의 결과에 환호한다. 그것이 아주 드물게 일어나서 '대박'이라 불린다는 것조차 잊는다. 불법 피라미드 다단계도 이 대박 사행심을 악용한 대표적인 사례다. 무리한 주식투자나 부동산 투자와 마찬가지로 불법 피라미드는 무리한 물질적·정신적·시간적 투자를 강요함으로써 '대박'이라는 허상을 쫓도록 종용한다.

하지만 네트워크비즈니스로 억만장자가 된 대표적인 명사들이 하나같이 말하는 원칙이 있다. 네트워크비즈니스 역시 사업 시스템에 대한 철저한 이해와 그 자신의 성실함이 만들어내는 노력의 결과물이라고 말이다.

제대로 시작하려면 철저하게 배워야 한다

자, 과연 여러분은 어떤 사업을 선택할 것인가? 일확천금의 꿈으로 도배한 허상인가, 성공의 원칙을 단계적으로 밟아가며 그 과정을 차근차근 배워가는 정직한 사업을 할 것인가?

지금부터 우리는 대부분의 네트워크비즈니스 사업설명회에서는 절대 말해주지 않는 네트워크비즈니스에서 반드시 알아야 할 핵심 42가지를 이 책을 통해 살펴보게 될 것이다. 모래성은 순식간에 쌓지만 순식간에 무너진다. 반대로 탄탄한 바닥에 쌓은 성은 쌓을 때는 어려울지언정 일단 쌓고 나면 그 어떤 자연재해와 공격도 막아낼 수 있다.

마찬가지로 어떤 사업이건 철저한 준비와 합리적 추이가 동반된다면 실패 가능성은 줄어들고 성공 가능성은 높아진다.

이 책을 읽는 것은 바로 네트워크비즈니스의 첫 단계의 포석을 단단히 놓는 일과 다름없다.

네트워크비즈니스의 진정성을 통한 성공과 반드시 피해야 할 위험 등을 알고 싶은 분들, 성공의 단계적 원칙을 존중하며 삶을 바꿔나가고 싶은 모든 분들에게 이 책을 권한다.

허 성 민

| 차 례 |

1장

비전 : 정확하게 알아보기

1) 당신은 불법적인 비즈니스를 구별할 수 있나요?

2) 회원 가입 안 하면 못 나가는 사업설명회장?

3) 왜 눈 뜨고도 속는가?

4) 불법 피라미드, 그 함정에서 벗어나기

5) 네트워크 사업에도 돈이 든다면?

6) 네트워크 비즈니스의 진짜 모습은 무엇인가?

7) 속지 않으려면 양질의 정보를 따져보고 선택하라

8) 대박은 철저한 확률 게임이다

1) 당신은 불법적인 비즈니스를 구별할 수 있나요?

불법 피라미드 다단계로 인한 피해액이 억대를 넘어 몇 조 원에 달하고 있다. 이제 우리 사회에서 불법 다단계로 법을 어기거나 빚을 지고 파산하는 경우도 드문 현상이 아니게 되어버렸다. 그만큼 불법 다단계로 인한 피해가 사회 전체에 넓고 깊게 퍼져 있다.

심지어 국회의원들이 당국에 등록도 하지 않고 불법으로 다단계 판매회사를 운영하다가 경찰에 적발된 경우도 있다. 모 국회의원 두 사람이 미국 통신업체인 NTC 사의 서울 지사 총책임자를 맡아 회원들을 모집한 다음 공증되지 않은 국제 전화카드를 판매해 6천만 원의 부당 이득을 챙긴 것이다.

하지만 이들의 주장은 조금 달랐다. 미국에서는 다단계 판매가 등록사항이 아니며, 자신들도 자세히 모르고 본사의 운영 방침을 시행했을 뿐이라고 한다.

이 증언이 진실인지 아닌지는 법정이 판결할 문제겠지만, 이는 한 가지 사실을 명확히 보여준다. 사업하는 운영자, 회원 가입을 하는 소비자들 중에 많은 수가 네트워크비즈니스의 합법적 절차를 염두에 두지 않고 있다는 점이다.

현행법상 국내에서 다단계 판매 사업을 하려면 시·도 당국에 등록이 필요하며 특히 전화카드 판매는 정보통신부 허가를 받아야 한다. 그러나 이들은 아무런 허가 절차를 거치지 않은 만큼 명백히 불법을 저지른 셈이다.

또한 현행 규정은 회원들로부터 가입비나 물품 구입비를 받지 않도록 하고 있다. 따라서 한 사람 당 1백만 원씩을 챙긴 이 국회의원들은 이중의 불법을 저지른 셈이다. 또한 의원 사무실을 다단계 판매회사 사무실로 사용하는 등 공직을 팔았고, 이 때문에 더더욱 사람들이 의심을 품지 않았다는 점에서도 명백한 직무유기요, 사기죄에 해당한다.

이외에도 현행 방문판매법상 제품을 구입한 지 20일 이내에는 제품의 결함이나 하자 여부와 상관없이 청약 철회를 할 수 있도록 규정하고 있다. 그럼에도 이런 규정을 무시하고 반품을 받아주지 않거나 환불해 주지 않는 회사들도 많다.

여러분은 어떤가? 과연 이 사실들을 정확히 알고 이 비즈니스를 시작하고 있는가? 덜컥 상대방의 말만 믿고 회원가입을 하는 실수를 저지르지는 않고 있는가?

나아가 여러분은 과연 네트워크비즈니스에 대해 얼마나 제대로 이해하고 있는가?

군중심리를 이용, 한탕주의라는 그릇된 덫을 놓아 회원들을 착취하는 불법 다단계의 성행은 앞으로도 계속될 것이다. 물론 정부에서도 사회 안전망 차원에서 앞으로 불법 피해 해결에 앞서야 하겠지만, 누가 봐도 명백한 '사람 장사', '불법 장사'인 사업에 아무 준비 없이 뛰어들지 않도록 네트워크비즈니스의 합법성에 대한 사회적 인식 또한 높아져야 할 것이다.

피해를 입고 파산하는 것은 순식간이다. 반대로 꼼꼼히 준비한 이들은 그 위험성을 최대한 낮추고 네트워크비즈니스의 무한한 매력을 사업 자산으로 이용할 수 있다. 선택은 이제 여러분의 손에 달려 있다.

2) 회원 가입 안 하면 못 나가는 사업설명회장?

"다단계 해볼래?" 물어보면 고개를 설레설레 젓는 사람들이 있다. 네트워크비즈니스는 시스템의 효용을 인정받은 합리적인 사업임에도, 일부 불법 피라미드 사업들이 네트워크비즈니스의 건전성을 망쳐가고 있는 것이다. 특히 친구나 지인을 통해 불법 다단계 사업설명회에 다녀와 본 사람은 다단계라는 말만 들어도 기겁한다.

서울 Y대 3년에 다니던 스무 살 K양은 아르바이트를 하자는 학교 동아리 선배 L군을 따라 서울 송파구 가락본동 B빌딩을 찾았다가 사흘간 갇혀 '교육'을 받았다. K양은 마치 유사 종교 집단을 연상시키는 교육에 참여하고 나서야 그곳이 불법 피라미드 판매 방식으로 시중에 유통되는 C 화장품 회사라는 걸 알았다고 한다. K양은 그곳의 경험을 다음과 같이 회고했다.

"젊은 대학생으로 보이는 강사가 연단에 올라오더니 자신도 안내자의 '선의의 거짓말'에 속아서 이곳에 왔다더군요. 하지만 이 사업은 가능성이 충분하고, 1주일만 교육을 마치면 수익의 일정 부분을 고스란히 가져간다고 했습니다. 정말 그럴 듯했어요. 게다가 하부 피라미드 판매원을 통해 판매를 늘리면 월 1천만 원 이상의 수입을 올린다니 솔깃하지 않은 사람이 누가 있겠어요?"

더 놀라운 일은 오후 6시쯤에 벌어졌다. 지하 강당에서 종례가 벌어지자 판매 활동을 끝내고 돌아온 2백여 명의 20대 남녀가 몰려들었다고 한다.

"정말 놀랐어요. 저랑 같은 학교에 다니는 학생은 물론이고 사립 S대와 S여대 등 이른바 높은 학벌을 가진 대학생들이 대부분이더라고요. S대의 경우는 같은 과 학생이 5∼6명씩이나 함께 교육을 받고 판매 활동을 하고 있었어요. 배울 만큼 배웠다는 사람들이 그렇게 된 걸 보면서 더럭 겁이 났습니다."

결국 K양은 5시간 남짓 교육이 끝나자 집에 돌아가겠다고 말했다. 하지만 회사 측은 받아들이지 않았다. 다시 1주일만 더 교육을 받으라고 강요한 것이다.

K양은 봉고차에 태워져 7~8명의 남녀와 함께 경기도 성남의 다세대 주택으로 옮겨졌고, 방 두 개와 부엌이 딸린 10여 평 크기의 반지하층에 거의 갇히다시피 했다.

"부모님이 걱정할 테니 집에 전화해야 한다고 애원했지만 회사 판매원들은 다음날 전화하게 해주겠다며 들으려고도 하지 않았어요."

K양은 일단 체념한 상태로 자리에 누웠다가 옆의 여자가 잠든 사이 도망치려 했지만, 현관을 지키고 있던 20대 남자에게 발각되어 잡혀 들어왔다.

그 다음날 오전 5시에 일어난 K양은 졸린 눈을 억지로 비비며 봉고차에 올라탔다. 다시 교육장이 있는 가락동 B빌딩으로 가기 위해서였다. 6시 경 '눈감고 명상하기'로 시작된 교육은 임원급이 참석하는 조회로 이어졌고 특강이란 이름의 상품설명회까지 겹쳐 교육은 오후 6시쯤에야 끝났다.

" 다시 성남의 다세대 주택으로 돌아와서 울먹이며 집에 가게 해달라고 했지만 아직 이르다면서 다른 얘기를 안 한다는 조건으로 집에 전화하도록 했어요. 제가 전화하는 내내 감시했고요. 하지만 이날 저녁 제가 사흘째 울면서 집에 보내달라고 하니 결국 선배가 난처한 얼굴로 새벽 1시가 넘어 저를 풀어주었어요."

신입사원을 1주일씩 반 감금 상태로 교육시키고, 감시원을 붙이고, 전화사용을 금지하거나 귀가를 막는 등 인신을 구속하는 것은 모두가 불법적 행위이다. 물론 일확천금을 꿈꾸며 옳지 않은 사업에 뛰어든 일부 대학생들에게도 문제가 있지만, 학업에 몰두해야 할 학생들마저 피라미드의 도구로 전락시키는 사업주의 발상은 용서받지 못할 행동이다.

만일 이런 사업설명회를 다녀왔다면 모든 네트워크비즈니스가 '불법 다단계'의 악몽으로 여겨질 것이다. 합법성을 무시하면서까지 마구잡이로 회원을 모집하는 이른바 '한국형 피라미드'가 만들어낸 역효과인 것이다.

만일 누군가 정확한 사업 설명이 없이 무작정 "사업설명회에 가보자."고 권유한다면 그것은 위험신호이다. 이럴 때는 정확한 사업 설명을 요구하고 회사 사이트나, 카탈로그, 회사에 대한 상세한 자료들을 확인한 후 사업설명서를 던지고 그에 대한 대답을 심사숙고해서 들어야 한다.

3) 왜 눈 뜨고도 속는가?

"10계좌 330만 원을 투자하면 40일 이내 1500만 원을 드립니다."

강남에 있는 R사의 투자설명회장에서 강조한 말이다. 명품 브랜드와 독점계약으로 유명 백화점에 물건을 공급할 것이니 330만 원만 투자하면 20일 내로 200만 원, 40일 내로 800만 원 등 총 1500만 원을 벌 수 있다는 것이다.

결국 이 사업설명회에서 적지 않은 사람이 회원으로 가입했지만, 차후 모 언론사의 취재 결과 R사는 해당 명품브랜드와 독점계약을 하지 않은 것으로 드러났다.

이처럼 조금만 살펴보면 들통 날 거짓말에 어째서 사람들은 속는 것일까? 사업설명회는 불법다단계 회사가 회원을 끌어들이는 가장 직접적인 경로다.

물론 정상적인 사업설명회는 투자자와 회원을 유치하기 위한 기업들의 정당한 모집 방식이다. 실로 주변을 둘러보면 기업의 제품 설명을 비롯해 부동산, 증권사 등 다양한 분야에서 사업설명회를 개최한다. 그러나 합법적 설명회는 충분히 사업에 대해 설명하고 질문과 반론이 열려 있으며 최종 판단을 참석자의 자유의사에 맡긴다면, 불법 다단계는 숨겨진 사행심을 부추겨 이성적 판단을 마비시키기 위한 전략으로 사업설명회를 주도한다.

사실 누구라도 "330만 원을 투자하면 40일 이내 1500만 원을 준다."는 말에는 귀가 솔깃할 수밖에 없다. 게다가 불법다단계의 사업설명회는 이런 허황된 사업도 그럴듯하게 포장함으로써 듣는 이에게 혼란과 갈등을 일으킨다. 실제로 이런 사업설명회에 가보면 놀랍게도 각계각층의 사람들이 앉아 있고, 결국 속아 넘어가는 이들이 적잖다.

그렇다면 이들은 바보라서 속아 넘어가는 것일까? 그렇지 않다. 불법 다단계의 사업설명회는 일반인들의 예상을 뛰어넘는 고도의 심리전을 방불케하며, 이성보다는 감성에 호소한다. 정상적 판단으로 볼 때 터무니 없음에도 이런 상황에서는 내 이윤만 크게 보이니 판단이 흐려지고 지금 당장 참여해야 한다는 조급함이 들 수밖에 없다.

또한 이런 심리 속에는 한 가지 공통점이 있다. 바로 단기간에 고수익을 올리는 일확천금을 바라는 마음이다.

나아가 조목조목 따지는 이들을 바보로 만들어버리는 것도 이들의 수법이다. "저렇게 모자라니 돈을 준대도 못 알아듣네." 하는 식으로 자존심을 상하게 만든다.

건전한 네트워크비즈니스는 소비자로서는 거품없는 가격으로 질 좋은 제품을 싸게 구입하고, 공급자로서는 유통 마진을 줄이며 비즈니스를 전개하는 신개념의 윈-윈(win-win) 사업이다.

반면 불법 다단계는 이런 시스템과는 관계없이 비싸고 질 나쁜 물건을 많이 파는 것이 목적이며, 회원이 지인에게 강매해야만 이익이 나는 형태이다. 따라서 이런 무리한 사업을 이어가려면 사행심을 부추겨 큰돈을 벌게 해주겠다는 환상을 심어줄 수밖에 없다.

자, 누군가 당신에게 사업설명회를 가자고 한다. 들어갈 때는 "내가 속을 것 같아?"라고 자신할 것이다. 하지만 나올 때는 마음이 변할 수도 있음을 기억해야 한다. 누군가의 말만 덜컥 믿고 갈 경우 어떤 일이 벌어질지 궁금한가? 다음은 한 불법다단계 업체 피해자인 어느 대학생의 회고이다.

"후배가 아르바이트 자리가 있다고 해서 따라갔다가 불법 다단계인 걸 알고 화가 나서 가려 했는데 제발 얘기라도 듣고 가라고 사정해서 설명회를 들었다.

그것이 큰 실수였다. 처음엔 귀를 막고 듣지 않으려 했는데, 둘째 날이 되니 다단계가 꼭 나쁜 건 아니구나 하는 생각이 들었다. 그리고 셋째 날이 되니 이 사업을 하지 않으면 큰일 나겠구나. 빨리 해서 돈을 벌어야겠다는 생각이 들었다. 그것은 바깥세상과는 동떨어진 새로운 세상이었다."

4) 불법 피라미드, 그 함정에서 벗어나기

네트워크비즈니스가 처음 등장한 것은 1930년대 대공황 때다. 새로이 닥쳐온 경제위기가 끔찍한 실업률을 불러오자 모두가 새로운 활로를 찾아 나섰고, 그중에 하나가 바로 네트워크마케팅이었다.

그리고 대공황의 혼란 속에서 탄생한 네트워크마케팅은 60년 가까운 세월 동안 이어져왔고, 그 혁신성을 인정받아 다양한 사업 분야에 도입되었다. 실로 미국의 통신회사인 엑셀, 암웨이 뿐만 아니라 우리나라의 KTF, LGT 등의 통신 회사 등도 네트워크마케팅 시스템을 도입하고 있다.

그럼에도 네트워크마케팅은 '불법 피라미드'의 기승이라는 해결해야 할 중요한 과제를 안고 있다. 1980년대 우리 정부가 네트워크 사업 자체를 불법으로 규정한 이후 음성적인 '불법 다단계'가 엄청난 피해자들을 양산했으며, 이후 그 정신적 상처가 아직도 네트워크마케팅에 대한 일반적 생각에 그늘을 드리우고 있다.

많은 이들이 '불법 피라미드'와 네트워크마케팅의 차이를 혼동하거나 구별하지 못함으로써, 피해자가 양산되고 네트워크마케팅 본연의 시스템을 훼손시키고 있는 것이다.

그러나 네트워크마케팅은 하위구조의 착취와 경쟁을 부추기는 사업이나 모든 것을 걸고 배팅하는 사업이 아니다. 사람과 사람 사이의 생활 속에서 자가 소비를 통해 이윤을 얻고, 그로 인해 지속적이고 장기적인 수익을 보장하는 것이 이 사업의 목적이기 때문이다.

만일 선택한 네트워크 회사가 뭔가 감추고 있다는 생각이 든다면, 곧바로 의심을 품어봐야 한다. 실로 불법 다단계의 판매방식은 합법적인 네트워크 비즈니스의 시스템과는 다르다. 이들은 비싸고 질 나쁜 물건들을 많이 팔기 위해 큰돈을 벌 수 있다는 환상을 심어주는 도구로 사업 설명회를 이용한다. 여기를 찾는 사람들은 대부분 아는 사람을 통해 오게 되는데 대학생, 주부, 직장인 할 것 없이 많은 사람들이 빠져든다.

또한 아무리 나쁜 인식을 가지고 있더라도 직접 현장에서 설명회를 듣고 주위 사람들의 성공담을 들으면서 나쁜 인식은 사라지고 금방이라도 돈이 잡힐 것 같은 환상에 빠지게 된다.

일반적으로 불법사업설명회는 다음의 3단계에 걸쳐 이루어진다.

첫 단계에서는 네트워크 비즈니스의 플랜을 설명한다며 이 구조가 얼마나 획기적인지를 주입시킨다. 실제로 네트워크비즈니스의 마케팅 방식을 설명하므로 거부감을 가지고 있다 해도 이

설명을 들으면 나쁜 인식이 다소 희석된다.

두 번째 단계에서는 자신들의 회사가 합법적이라는 것을 강조한다. 피라미드로 피해를 보는 사람들이 많지만 그들은 불법이고 자신들은 법적으로도 보장받은 업체임을 강조하면서 제품 홍보를 곁들인다.

세 번째 단계에서는 자신들의 회사에 관한 사업방식을 설명한다. 앞의 두 단계를 거치면서 어느 정도 사업이 해볼 만하다는 생각을 가진 사람들에게 쉽게 돈을 벌 수 있다고 강조하며 못을 박는다. 결국 사람들은 네트워크마케팅에 대한 설명인 첫단계와 불법 다단계에 대한 설명인 세번째 단계를 같은 것으로 혼돈해 순식간에 걸려들게 된다.

이처럼 불법 피라미드는 교묘한 논리로 참여자들을 현혹시킨다. 그러나 이런 불법의 마수에 걸려들지 않을 수 있는 방법이 없는 것은 아니다.

만일 조금이라도 의심스럽다면 "왜? 어떻게?"를 질문하는 것만으로도 극단적인 선택을 피해갈 수 있기 때문이다.

5) 네트워크 사업에도 돈이 든다면?

네트워크비즈니스는 초도 자본금이 거의 들지 않는 무점포, 무자본 사업이다. 바로 이 점 때문에 많은 이들이 네트워크비즈니스의 가치를 높이 사며, 실제로 미국 등지에서는 건전한 네트워크비즈니스를 통해 큰 자본금 없이 성공적인 사업을 이끌어가는 이들이 많다.

하지만 여기서 짚고 넘어가야 할 점이 있다. 무점포, 무자본이라고 해서 자본금이 전혀 들지 않는다고 생각하면 큰 오산이라는 점이다.

초반에 상품 구입에 지불해야 하는 일정한 비용은 물론이며, 후원 활동을 하거나 제품을 전달하기 위한 전화 요금, 차와 음료수 값, 식사비 및 휘발유 값 등 교통비, 이벤트 행사와 각종 교육 참가비 등도 역시 지출에 해당된다.

그럼에도 많은 네트워크비즈니스 사업자들은 팔로워를 만들 때 이 사업에는 돈이 하나도 들지 않는 것처럼 말한다. 이것은 아직 본격적으로 활동해보기도 전에 하위사업자를 만들려는 욕심에서거나, 아니면 아직 네트워크마케팅에 무지하기 때문이다. 흔히 불법 피라미드에 쉽게 빠져드는 이유 중 하나는 자본과 노력이 필요 없다는 거짓말인데, 특히 이 사업은 어떤 투자도 없이 성공할 수 있다고 말한다면 꼼꼼하게 따져봐야 한다.

주변을 둘러보라. 노력하지 않고 성공을 거둔 사람이 몇이나 되는가?

시간 투자를 충분히 하지 않은 사업자가 1년 안에 월 1천만 원을 벌 수 있다는 사실이 망상에 가깝다는 걸 여러분도 알 것이다.

실로 정상적으로 사업을 해 성공한 사업자들의 이야기를 들어보면 그야말로 눈물겨운 사연이 한둘이 아니다. 이들은 주위 사람들의 편견과 싸우고 발로 뛰면서, 밤잠을 줄여 책을 읽고, 휴일에도 수많은 미팅에 나가며, 스스로 올바른 시스템을 쌓기 위해 노력해온 이들이다. 그러니 존경심이 드는 것도 당연하다.

만일 이런 이들을 한번이라도 곁에서 살펴보면 노력 없이 일확천금이 가능하다는 거짓말에 속는 일도 줄어들 것이다.

반대로 이런 과정은 일체 언급하지 않고 '자본과 노력 없이도 우리는 성공할 것'이라고 외치는 회사가 있다면 지금 당장 발길을 돌려라.

6) 네트워크 비즈니스의 진짜 모습은 무엇인가?

그렇다면 어째서 네트워크마케팅이 이토록 열풍을 일으키고, 불법까지 성행하는 이유는 무엇일까?

그 이유를 알려면 우선 이 사업의 구조를 이해해야 한다. 흔히 다단계라 불리는 네트워크마케팅은 한마디로 정리하면 '회원제를 결합시킨 무한 연쇄 시스템' 이다.

맨 처음 소비자가 직접 제품을 사용해보고 이것이 만족스러우면 다른 소비자들에게 소개하고, 이렇게 구축된 그룹을 토대로 회원 수를 확장하며 자연구매를 유도하는 것이다.

그리고 이런 과정을 통해 일단 탄탄한 소비자 그룹이 형성되면 이것이 무한 증식하면서 전체 소비자가 기하급수적으로 늘어나 대규모의 소비자 그룹과 사업자 그룹으로 성장하게 된다.

"뭐 다단계나 피라미드나 똑같잖아." 말할 수도 있겠지만 이는 네트워크마케팅이 기존과는 다른 획기적인 시스템으로 선진국들은 물론 대한민국의 유통구조까지 변화시키고 있음을 인지해야 한다.

역사적으로 네트워크비즈니스는 불황기에 더 큰 각광을 받았다. 소규모의 유통업들이 불황 속에서 사업을 유지하기 위해 유통 비용 없이 충성고객을 만들어내는 네트워크비즈니스를 활용했기 때문이다. 실로 주면을 둘러보자.세계적 불황이 전 지구를 강타한 지금, 자본주의의 종주국인 미국은 물론 우리나라도 중소기업까지도 붕괴일로에 놓여 있다. 대기업의 대형 상점이 막강한 유통혁신으로 최저가 제품을 공급하고 있는 상황에서 중소기업은 가격경쟁에 밀려 무너지고 있는 것이다.

이런 상황에서 질 좋은 상품을 생산해 충성고객 집단을 구축하는 것은 중소기업으로서는 사활을 건 문제이기도 하다. 그리고 이런 상황에서 네트워크마케팅은 안전한 네트워크 판매망이라는 선물을 소규모 기업들에게 안겨주었다.

예를 들어 1995년 방문판매법이 개정되면서 다단계 사업은 합법성을 취득했고, 이후 국내에만 수백 개의 네트워크마케팅 회사가 생겨났다. 동시에 이 회사들의 매출액 또한 경기침체와 상관없이 수직상승하고 있으며, 앞으로도 이런 추세는 지속될 전망이다.

그러나 아직도 네트워크마케팅은 한 가지 난관을 안고 있다. 네트워크마케팅이 급속도로 성장하면서 이를 불법적인 변칙 업체가 증가하고 있다는 점이다.

앞으로 네트워크마케팅을 불법으로 이용하는 다단계식 피라미드가 근절되지 않는다면, 앞으로 네트워크마케팅의 행로는 험난할 수밖에 없다.

그렇다면 이 사업을 준비하려는 우리 자신에게도 물어봐야 한다. 과연 우리는 네트워크비즈니스에 대해 얼마나 깊이 알고 있으며, 다양한 정보들 사이에서 진실과 거짓을 가려내는 안목을 얼마나 탄탄히 갖추었는가이다.

아무리 훌륭한 시스템이나 정보도 자칫 오도되거나 잘못 전달될 경우 그 신뢰를 잃게 된다.

네트워크마케팅과 불법 피라미드 사업의 혼동도 잘못된 정보의 선택이 근본적 원인인 만큼 올바른 정보를 선택하는 개인의 능력을 기르는 것 또한 중요할 것이다.

7) 속지 않으려면 양질의 정보를 따져보고 선택하라

불법 다단계에 발목을 잡히는 경우, 의도적인 사기에 걸리든 경우도 있지만 정보를 잘못 이해하고 활용함으로써 피해를 양산하는 경우도 적지 않다. 이는 정확한 정보를 취사선택하는 정보 분석 능력이 떨어지기 때문이다.

그렇다면 잘못된 사업 선정을 피할 방법은 없을까? 어찌 보면 그 답은 간단하다. 성공 사례를 맹목적으로 추종하는 대신 그 이유를 따져 묻고, 실패 사례에도 역시 귀를 기울여 그 원인을 분석해보는 것이다. 과연 내가 듣고 있는 정보가 현실성 있고 옳은가 되물어 보는 것이다.

또한 네트워크마케팅 역시 선진국형 시스템으로 인정받기까지 무수한 좌절과 실패, 그리고 개선을 거듭했음을 인정해야 한다. 따라서 우리는 아래의 다섯 가지를 명심할 필요가 있다.

첫째, 네트워크마케팅의 본질을 이해하기 위한 다양한 자료를 살펴 정확한 개념을 정리하고 시스템을 이해한다. 그래야 불법 피라미드 등 잘못된 정보에 대항하는 힘을 기를 수 있다.

둘째, 성공 사례만큼 실패 사례에서도 배움으로써 장기적 안목을 키워야 한다.

셋째, 모든 성과는 오랜 노력의 결과인 만큼 일확천금을 꿈꾸지 말아야 한다.

넷째, 현실적으로 관찰하는 눈을 키운다. 눈앞에서 전개되고 있는 모든 현상이 어떤 관계나 방향성을 지니고 있는지, 잠재적인 요소는 무엇인지 깊이 있게 바라봐야 한다.

이는 정치, 경제, 국제관계 같은 거대한 주제에서뿐만 아니라,

네트워크마케팅 사업 업체 선정, 상품 구성, 그리고 인간관계 모두에 해당되는 능력이다.

다섯째, 증명된 것을 받아들여라. 개인생활이든 기업경영이든, 앞을 내다보는 안목을 길렀다면, 이제는 올바른 정보를 정확히 판단할 능력이 필요하다. 잘못된 정보를 받아들여 피해를 보고 나서야 비로소 "그때 안 했으면 좋았을 텐데!" 후회하면 무슨 소용이겠는가.

따라서 우선 자신과 회사의 주변을 세밀하게 관찰하고, 실제적으로 눈에 보이고 증명된 사례들을 가감 없이 받아들여 사실과 직관의 힘을 모두 발휘해야 한다. 평상시 끊임없는 노력과 주의력을 집중시키면 충분히 가능한 일이다.

8) 대박은 철저한 확률 게임이다

우리는 자신의 선택이 나쁜 결과보다는 좋은 결과를 낳을 것이라고 믿는다. 무모할 정도로 위험한 투자에 전 재산을 거는 것도 그것이 큰 수익으로 돌아오리라 믿기 때문이다. 하지만 결과는 그 기대감에 미치지 못하는 경우가 훨씬 많다. 그렇다면 이처럼 무모한 선택을 하는 이유는 무엇일까?

첫째는 자신의 선택이 가져올 성공과 실패의 확률을 계산할 때 성공 확률만 높게 평가하기 때문이다. 둘째는 갑작스러운 욕구를 참지 못해 감성적 결론을 내린 뒤, 그것을 행동으로 옮기기 때문이다.

세상에 대박 싫어하는 사람이 있을까? 게다가 복권과 주식, 부동산 등 과거의 대박 환상에 사로잡힌 대한민국 사회에서는 더욱 그럴 것이다. 신문지상에만 해도 수백억 원 복권 당첨, 부동산을 통해 거부가 된 사람들 이야기가 하루도 빠지지 않고 등장한다. 이런 상황에서 '나도 한 번쯤'이라고 생각하지 않는 게 더 이상할 정도다. 오히려 정직하게 일해 돈을 벌고 불려나가는 게 바보처럼 여겨진다.

네트워크비즈니스에서도 마찬가지이다. 성실하게 노력해 수익을 얻는다고 말하면 김이 새고, 반대로 환상을 부추기는 사업에는 현혹된다. 그러나 대박은 잔혹한 확률 게임이다. 여러분 즈변에 대박으로 돈 번 이들이 몇이나 있는가? 아마 대부분은 친구의 친척, 또는 아는 사람의 아는 사람 정도일 것이다.

네트워크 비즈니스로 성공한다는 것은 이처럼 대박의 비현실성을 깨닫는 일이기도 하다. 섣불리 거머쥔 성공이 얼마나 허무

하게 사라지는지를 알아가는 과정이다.

앞으로의 사업은 합리적이고 경제적인 사고로 이루어져야 한다. 즉각적이고 감정적인 결정을 자제할 수 있도록 자기계발을 통한 마인드컨트롤이 절실하다. 지금 하고자 하는 일이 과연 실현될 수 있는지, 그 실현 확률은 어느 정도인지, 이 사업을 통해 성공할 가능성은 얼마나 되는지 총체적으로 살펴야 한다.

그럼에도 만일 이 사업을 '대박을 원해서' 시작하려 한다면, 처음으로 돌아가 고민해보라고 권하고 싶다. 당신이 그 1%의 대박 확률에 포함되지 못할 가능성이 훨씬 높기 때문이다.

2장

가치 : 사업성 체크하기

9) 돈에 끌려 다니지 않고 돈이 따라오도록 하라

역설적이지만, 돈을 벌려면 오히려 돈과 멀어져야 한다. 물론 자본주의 사회에서는 돈이 절박할 수밖에 없다. 그러나 돌이켜 보면 돈에 절박한 심정을 갖게 되는 때는 그 돈을 급하게, 무리하게 벌려고 할 때인 경우가 많다.

불황일수록 더 벌어야 한다는 생각, 좀 더 힘들지 않게 돈을 벌고 싶다는 생각이 예기치 않은 유혹의 그물에 우리를 빠뜨리는 것이다.

그럼에도 일확천금이 그리운가? 그렇다면 좀 더 현실적으로 생각해 보자. 물론 세상에는 노력하지 않고 돈을 버는 사람도 있다. 그렇다면 그런 사람이 몇이나 되겠는가?

과연 주변에 로또를 사고 도박을 하는 사람 중에 과연 몇이나 큰돈을 벌었는가? 그렇다면 당신은 매주 로또에 당첨되기 위해 꼬박꼬박 정기적으로 로또를 사주는 사람이 되고 싶은가? 아니면 변화의 시기, 새로운 비전을 세우고 노력하며 일궈가는 인간다운 삶을 살고 싶은가?

앞서도 이야기했지만 돈은 허상과 같아서 쫓아다닐수록 사람을 절박함 속으로 몰아낸다. 즉 돈을 쫓아다니는 것과 돈이 쫓아오도록 만드는 것은 분명히 다르다. 그렇다면 돈이 쫓아오도록 만드는 힘은 과연 어디에 있는 것일까?

바로 시스템이다. 시스템이란 돈이 일정한 통로를 통해 들어올 수 있도록 해주는 파이프라인과 같은 것이다. 만드는 데 어느 정도 수고와 시간은 들어도 일단 구축해 놓으면 정기적으로 일정한 이익을 얻을 수 있으며, 그 결과 또한 뜬구름이나 허상이 아닌 현실 속의 경제적 자유로 나타난다. 게다가 노력 여하에 따라 시스템을 복제해 더 큰 파이프라인을 구축하면 더 큰 이익을 얻을 수 있다.

네트워크마케팅은 바로 이 시스템을 통해 지속적인 수익을 얻을 수 있는 사업이다. 즉 돈을 쫓아가지 않아도, 돈이 스스로 시스템을 쫓아서 따라온다. 하지만 이렇게 좋은 시스템도 몇 가지 조건을 충족시키지 않으면 제 힘을 발휘하기 어렵다. 그중에 가장 중요한 것은 바로 신뢰다.

지금껏 우리가 살펴본 불법 다단계 역시 이 부분을 간과하고 있다. 네트워크마케팅의 시스템이 중요한 것은 바로 그 안에 서로 간의 신뢰가 담보되어 탄탄한 네트워크가 형성되기 때문이다. 다음 장을 연이어 보자.

10) 신뢰 없는 사업은 무너질 수밖에 없다

최근 기업의 가장 중요한 화두는 '고객 신뢰도'다. 이름 있는 기업일수록 고객 서비스, 상담, 보상 및 환불 제도를 철저히 갖춰 놓고 있다. 심지어 고객들을 통해 제품을 판매하는 고객 우대 기업도 적잖다.

이처럼 요즘 고객들은 단순 소비자가 아닌 기업들의 파워 있는 협력자와 같다. 제품을 구매하고 적극적으로 홍보하며 제품에 생명력을 불어넣는다. 그러니 질 나쁜 제품을 속여 파는 식으로 고객을 속여서는 결코 장기적으로 이득을 얻지 못한다. 이는 일반 기업이 아닌 네트워크마케팅 회사도 마찬가지다.

급변하는 시장 변화 속에서 소비자의 선택 폭이 넓어진 만큼 다단계 회사들도 속임수로 고객을 우롱해 단기간 폭리를 취하려는 행태를 개선해야 한다.

사업자들 또한 무작정 주변 사람들을 끌어들여 자신의 이익만 챙기는 '사람 장사'를 지양해야 한다.

네트워크 사업의 가장 큰 장점 중에 하나는 바로 '영속성'이다. 건전한 사업 그룹이 형성되면서 일종의 영구적인 수익을 꾸준히 얻을 수 있다는 것이야말로 많은 이들을 성실한 네트워크마케팅 사업자로 변신시킨 핵심이라는 사실을 잊어서는 안 된다.

이제 속고 속이는 사업은 더 지속될 수 없는 시대다. 특히 전자 상거래가 발달된 지금은 더욱 그러하다.

이제 고객들은 온라인을 통해 적절한 가격과 품질을 선택할 수 있는 폭이 방대해졌다.

또한 거기에는 어떤 흥정도 없이 클릭 한번으로 거래가 이루어 지는 만큼 여기에는 오직 고객이 원하는 품질과 가격이 존재할 뿐이다.

이를 잘 아는 기업들은 고객을 만족시키기 위해 수많은 부서들을 신설하고 전전긍긍 노력하는 상황에서 비싼 물건을 강매해 폭리를 취하는 형식으로는 결코 장기적인 수익 구조를 마련할 수 없는 것이다.

이는 네트워크비즈니스를 시작하려는 소비자들도 마찬가지다. 누구에게 권해도 "무슨 물건이 이 정도밖에 안 돼?"라는 말을 듣지 않을 만큼 좋은 제품을 만들어내는 회사, "이건 불법 다단계 아니야?"라는 말을 듣지 않을 만큼 합법적인 윈윈 시스템을 갖춘 회사를 스스로 찾아내려는 노력과 준비가 필요하다.

11) 부동산은 안정적이라는 생각을 버려야 한다

투자라는 말을 들으면 어떤가?

뭔가 거창하다는 느낌이 드는가?

실로 사람들은 투자를 고민할 때 이왕이면 큰 규모의 안정적 투자를 선호한다. 돈이 있으면 무조건 부동산에 투자했던 부동산 열풍도 그 반증이다.

물론 부동산 투자는 한때 가장 안정적인 투자로 여겨져 왔다. 하지만 최근에는 어떤가? 지나치게 높은 집값에 대한 지탄, 우후 죽순처럼 늘어나는 미분양 아파트, 과도한 분양 대출금으로 인해 양산되는 하우스푸어 등 부동산 투자 열풍의 역효과가 뚜렷이 드 러나고 있다.

최근 전세 값이 치솟는 것도 부동산 역풍으로 집값이 하락할 것을 기대하며 급매물조차도 사지 않으려는 심리 때문이다.

실로 대한민국 집값 거품은 위험한 수준이다. 과거 10여 년간 우리나라의 집값은 꾸준히 상승했고, 때문에 재테크 1순위로 떠 올랐다. 이는 공급보다 수요가 많았기 때문이다.

하지만 상황이 달라졌다. 최근 2012년까지 주택 보급률을 110%로 끌어올리겠다는 정부의 주택공급계획은 물론, 출산률 감소, 은퇴자 증가 등으로 큰 평수의 고가의 아파트 매입률이 줄어들면서 아파트 가격의 하락세가 예상되고 있다.

이 같은 통계는 앞으로 부동산 투자가 과거만큼 유효하지 않으리라는 점을 시사한다. 물론 재테크는 가계자산을 유지하고 불리는 데 반드시 필요한 수단이다. 하지만 우리는 한 가지 사실을 염두에 두어야 한다.

우리가 믿고 있는 경제 상식이 영원히 지속되는 건 아니라는 점이다. 즉 부동산의 시대에는 부동산이었고, 주식의 시대에는 주식이 주요한 재테크 수단이었지만, 앞으로 살아갈 시대에는 투자의 의미가 바뀔 것이며, 이때 네트워크마케팅이야말로 21세기 소비패턴을 통해 구축하는 현대적인 재테크 수단이 될 수 있다.

부동산 불패 시대에는 '어리석은 선택'으로 여겨졌을 이 선택이 이제 '시대를 앞서간 선택'이 되었다니 참으로 아이러니한 일이 아닐 수 없다.

이처럼 누가 경제적으로 현명하고 어리석은지는 시대를 바라보는 안목에서 결정된다.

나아가 이런 논리는 경제 불황 속에서 잡음을 내고 있는 펀드와 주식 문제에서도 여전히 드러나고 있다.

12) 투자와 투기를 구분할 줄 알아야 한다

"투기를 통해 고정적으로 돈을 '번다' 는 생각은 아예 말아라. 주식으로 큰돈을 따거나 잃을 수는 있다. 하지만 주식으로 돈을 벌 수는 없다."

성공한 주식 투자가 앙드레 코스톨라니의 말이다. 그 자신이 주식 투자로 큰 성공을 거두었음에도 주식은 돈 버는 '투자' 가 아닌 돈을 따거나 잃는 '투기' 임을 경고하고 있다.

최근까지도 식지 않고 있는 주식과 펀드 열풍은 많은 이들이 아직도 투기와 투자를 구분하지 못하고 있음을 보여준다. 미래를 예측할 수 없는 주식에 전 재산을 걸면서도 이것을 투기 아닌 투자라고 믿는 이들이 허다하다. 그 결과는 불을 보듯 뻔하다.

물론 현대사회에서 투자는 재정적 자유를 위해 피할 수 없는 조건이 되었다. 여기서 중요한 것은 보유 자금에 대한 정확한 계산, 안전성, 기간, 대상 등을 현실에 맞게 산정하는 것이다.

나아가 투자와 투기의 경계선은 매우 모호하며, 둘 다 항상 성공한다는 보장이 없다. 다만 벼락같은 성공과 수익을 기대한다면, 그건 하루아침에 빚쟁이가 될 수도 있는 '투기' 개념의 투자일 것이다. 앞서 코스톨라니도 말한 것처럼 진정한 투자란 '돈을 번다' 는 개념이 되어야 하기 때문이다.

그렇다면 돈을 번다는 것은 무엇인가? 최소한 일정한 금액이 꾸준히 들어오는 것을 의미한다.

또한 그 투자로 인해 기본적인 생활이 위협받지 않는 안정적인 상태여야 한다. 그럼에도 많은 투자자들이 무리한 대출이나 평생 모아온 노후자금을 아낌없이 투척한다. 이는 아주 위험한 발상일 뿐더러, 투자와 투기 개념을 구분하지 못한 결과라고 볼 수밖에 없다.

펀드도 마찬가지다. 펀드 거품이 꺼지면서 엄청난 피해액을 양산한 펀드 사태의 경우, 투자자들은 은행 말만 믿고 "분명히 손해 없는 고정 상품이라고 하지 않았냐"고 울부짖었다. 하지만 세상에 위험 없는 고수익 상품은 애초에 존재하지 않으며, 이는 앞서와 마찬가지로 정확한 정보를 살펴보지 않는 투자자들의 잘못도 있다.

현대는 하루가 다르게 변하는 속도전의 시대다. 투자에서도 비슷하다. 어떤 투자 형태가 열풍을 일으키면 앞뒤 재보지 않고 올인한다. 하지만 투자의 세계는 넓고 다양하며, 펀드나 주식처럼 큰 위험을 감수하는 투자가 아닌 투자도 얼마든지 있다. 물론 이런 투자를 찾는 일은 쉽지 않다. 일단 그 분야를 제대로 알기 위해 많은 시간과 노력을 동원해야 하기 때문이다.

결국 앞으로는 돈으로 돈을 버는 투자 이상으로, 그 자신과 준비 과정에 투자하는 일이 중요해질 것이다. 실로 긴 시간과 정성을 들인 투자는 배신하지 않는다.

그렇다면 투자해도 위험하지 않은 성공하는 사업은 어떤 조건을 갖춰야 할까? 안정적인 투자 수익을 올릴 수 있는 사업의 요건은 무엇일까?

13) 성공하는 사업의 원칙을 배워야 한다

어떤 투자는 우리를 부자로 만들지만, 어떤 투자는 우리를 가난하게 만든다. 투기와 같은 사업은 성공보다는 쓰디쓴 실패를 안겨줄 가능성이 높다.

경제 사회에서 살아남으려면 끊임없이 배워야 한다. 경제 지식을 제대로 익혀놓으면 판단 기준이 높아지고 현명한 눈을 얻게 된다. 마찬가지로 '독 같은 투기'에 중독되지 않으려면 위험한 사업들 중에 알차고 안전성이 높은 사업을 고르는 안목이 필요하다. 대박 사행심으로 시작하는 부동산이나 주식투자 같은 투기성 자산이 위험성을 알았다면, 이제는 다른 판단 기준으로 투자 대상을 고를 필요가 있다.

그리고 사업에 가장 중요한 '판단기준'이 있다면, 그것은 바로 시스템일 것이다. 시스템이란 사업을 구축하는 기본적 바탕을 의미한다. 시스템이 공정하고 탄탄한 사업은 사업 구성원들의 결속력이 높고 회사와 구성원이 윈윈한다. 실로 성공한 사업들은 시스템의 독창성과 현실성이 돋보이는 경우가 많다. 반면 아무리 큰 자본을 쏟아부어도 그 사업에 시스템이 없다면 그것은 밑빠진 독에 물 붓기와 다르지 않다.

네트워크마케팅은 한 마디로 '시스템의 승리'를 보여주는 사업이다. 합리적인 소비를 통해 얻는 수익 구조가 쉽고 안정적으로 정착되어 있으며, 그 사이에 사람과 사람 사이의 신뢰가 바탕이 된다.

물론 다른 사업처럼 네트워크마케팅도 무작정 뛰어들었다가 실패하는 경우가 적잖은데, 가장 큰 이유는 회사에서 알려주는 네트워크 성공 시스템을 이해하지 못했거나 무시했기 때문이다.

『메가트렌드』의 저자인 존 나이스비트는 네트워크마케팅이야말로 21세기에 등장한 가장 강력한 변화로서, 한 개인이 성공할 수 있는 최고의 기회라고 말했다.

또한 향후 10년 내로 모든 상품과 서비스의 50% 이상이 네트워크마케팅을 통해 유통될 것이라고 전망한 바 있다. 이는 네트워크마케팅이 미래 사회에서는 필수적인 소비 형태이자 비즈니스가 될 것임을 예견한 것이다.

그렇다면 어째서 이 미래의 키워드인 네트워크마케팅을 할 수밖에 없는지, 한다면 어떻게 해야 하는지를 살펴야 한다.

14) 직장은 결코 경제적 안정을 보장해주지 않는다

현재 우리나라의 물가상승률은 세계 최고 수준이다. 식재료 등의 엥겔계수가 높아진 것은 물론이거니와 공공요금까지 줄줄이 인상을 앞두고 있다.

근 10년째 계속되고 있는 실업 한파 역시 풀릴 기미가 없다. 이런 상황에서 어떻게 더 알차고 행복하게 살 수 있을까를 고민하는 것은 사치일지도 모른다. 일단 먹고사는 문제를 해결하지 않고는 행복도 가치도 의미 없는 것이다.

그렇다면 평범한 이들의 삶은 이런 경제적 측면과 어떻게 연결되어 있는지 살펴보자.

먼저 사회생활을 시작하는 20대를 보자. 번듯한 4년제 대학을 나와서 어렵다는 취업경쟁을 뚫고 직장에 들어가도 정작 큰돈 벌기는 어렵다. 그나마 서울에 본가가 있는 이들은 낫겠지만, 지방에서 올라온 대졸자들은 푼푼이 모은 돈을 월세와 생활비로 꼬박꼬박 지출해야 한다.

나아가 고졸 출신은 대졸자에 비해 훨씬 적은 임금을 받으니 상황을 말해 무엇 하겠는가.

30대는 어떨까? 이때부터는 본격적으로 결혼을 해야 하는 시기인 만큼 돈을 벌어야 할 목표도 분명해지지만, 높은 전세금을 감당하지 못해 외곽으로 떠돌고 맞벌이로 출산까지 미루며 일해도 상대적으로 높아진 집값을 보면 허탈감에 빠지기 십상이다.

40대도 마찬가지다. 자녀 교육비는 물론이거니와 40대라고 다 자기 집을 가지는 것도 아니다. 또한 그렇게 50대가 되어서도 여전히 자식들의 결혼 자금, 노후자금으로 고민하지 않을 수 없다.

그렇다면 노후 생활비는 얼마가 필요할까?

최근의 통계로 노후 기초 생활비는 연간 1600만 원으로 여기에 여유자금 2000만 원을 합치면 연간 3600만 원이 필요하다. 또한 빨라진 은퇴시기로 인해 55세에 은퇴해 평균수명인 75세까지 살려면 $3600 \times 20 = 7$억 2천만 원이 필요하다. 그러나 평범한 이들이 이 돈을 모으는 건 불가능에 가깝다. 이 자금을 마련하려면 35세 직장인이 20년간 꼬박 한 달에 250만 원 정도를 저축해야 한다.

여러분은 어떤가? 이 정도 돈을 꾸준히 저축할 만한 상황인가? 물론 사람마다 다르겠지만 보편적 상황이 이러하니 다들 대박을 좇는 것도 당연하다. 하지만 이런 대박의 꿈은 허황된 망상으로 끝나는 경우가 더 많다.

따라서 우리가 주목해야 할 부분은 다른 곳에 있다. 바로 이 세상은 끊임없이 변하며, 그 변화의 물결 속에 새로운 기회가 찾아든다는 점이다.

한 예로 요즘은 직장도 안정적이지 않은 곳이 되었다. 구조조정과 권고사직, 비정규직 문제로 저임금에 뼈를 깎는 노동을 해도 쓸모없으면 버려진다. 실제로 한국 직장인들에 대한 설문조사 결과 3년 차 이상의 직장인들은 평균 4회 이상의 이직을 하고, '한번 직장은 평생직장' 이라고 대답한 응답자는 0.6%에 불과했다.

그렇다면 여러분은 이 상황을 어떻게 타개해나갈 것인가? 언제 쫓겨날지 모르는 직장에서 불안에 떨며 지낼 것인가? 아니면 변화의 파도를 타고 경제적 자유를 향해 도전하겠는가?

15) 변화의 시대에는 승자와 패자만 존재한다

직장마저도 안전하지 않은 시점에서 감히 희망을 말할 수 있겠는가만은, 돌이켜 보면 이런 경제적 어려움은 비단 오늘 내일의 문제가 아니다.

일찍이 1998년의 구제금융 사태는 물론, 그 이후로도 우리는 작고 큰 경제적 변화의 시기를 견뎌왔다.

요즘 언급되는 부동산 위기, 주식 시장의 위기도 사실은 오래 전부터 지적되어온 문제다. 많은 전문가들이 세계적인 자본주의 경제의 지나친 경쟁 구도, 부동산 버블 등을 언급하며 그 위험성을 경고한 바 있음에도, 경제 정책을 실시하는 정부나 경제 기득권을 쥐고 있는 이들은 그 말에 귀를 기울이지 않았다. 물론 이는 세계적인 현상인 만큼 어느 한 사람의 지적이나 경고만으로는 어찌해볼 수도, 예측해볼 수도 없는 문제다.

그러나 우리는 여기서, 어려운 시기에도 누군가는 부자가 되고 누군가는 더 가난해진다는 사실에 주목해야 한다. 이제 부의 양극화는 피할 수 없는 세계적 현상이다.

이런 상황에서 우리가 현실적으로 할 수 있는 일은 이 위기를 어떻게 타개할 것인가를 살피는 것이다. 일확천금을 노리다가 몰락할 것인가, 아니면 새로운 비전으로 올바른 길을 찾을 것인가도 역시 우리가 선택할 문제다.

위기는 항상 변화를 동반한다. 예컨대 전쟁학자들은 전쟁의 끔찍한 포화에는 반대하지만, 전쟁에도 유일한 순기능이 있다고 말한다. 기존의 체계가 흔들리고 무너지면서 새로운 세상이 도래할 수 있다는 것이다.

56

물론 죽고 죽이는 전쟁을 긍정적으로 봐서는 안 되겠지만, 위기 상황에 놓인 인간 사회도 변화 속에서 승자와 패자가 양산된다는 점에서 또 다른 전쟁터와 다름 아닐 것이다.

그렇다면 이 같은 상황에서 우리는 어떤 방향으로 어떤 방패를 마련해야 할까? 다음 장에서 그 답을 찾아보자.

16) 모든 사업에는 타이밍이 있다

세상은 수많은 변화 속에서 발전을 거듭해왔다. 세계의 판도를 완전히 뒤바꿔버린 산업혁명처럼 급박하게 이루어진 변화가 있는가 하면 서서히 이루어지는 변화도 있었다.

인터넷을 보자. 불과 20년 전만 해도 우리는 수많은 정보와 지식이 이동하고 공유되는 인터넷 세상을 상상하지 못했다. 그 인터넷이 지금 우리 사회의 경제 부문 곳곳에서 황금알을 낳고 있다.

인터넷의 발전이라는 새로운 패러다임을 능동적으로 받아들임으로써 새로운 경제 주체로 우뚝 선 '다음'의 이재웅 사장은 물론 여타의 인터넷 사업 거부들이 그들이다. 이들은 변화의 파도를 타고 인터넷이라는 공간에 대한 수많은 정보들을 수집하고 분석해 자신의 황금알로 바꿔놓은 사람들이다.

이처럼 부자와 가난한 자의 차이는 눈앞에 펼쳐진 기회를 받아들이는 태도, 그 기회를 행동으로 옮기는 행동력에서 나온다. 따라서 부자가 되고 싶다면 지금 눈앞의 핵심 패러다임을 파악하고, 그 안에서 중요한 정보를 수집해 몸으로 직접 행동해야 한다.

최근 눈부신 발전을 거듭하고 있는 네트워크비즈니스의 세계도 마찬가지다. 사회경제적 변화는 필연적으로 사업의 패러다임을 바꿔놓게 마련이며, 네트워크마케팅도 이 같은 시대 변화를 타고 탄생한 하나의 기회와 같다.

만일 지금 성공을 결심했다면 지나간 실패에 연연해서는 안 된다. 변화의 시기는 불안정한 것이지만 동시에 새로운 기회들이 생겨나는 시점이며, 새로운 기회 앞에서 지난 실패는 문제가 되지 않는다.

어떤 일이건 가장 위험한 적은 자기 자신이다. 꿈을 잃고 살아가는 이들, 목표를 잃은 사람들, 이들을 쓰러뜨린 건 결국 그 자신일 것이다. 반면 어떤 일이건 시련과 도전을 이겨내면 그는 보다 더 강하고 성숙해진다.

마찬가지로 네트워크마케팅의 가장 큰 적도 이 일을 시작하는 이들 자신이다. 부정적인 선입관과 불안 등으로 지속적인 반대에 동의해 버리는 것이다. 하지만 꿈과 목표로 무장한 사람들은 다

르다. 그들은 자신을 믿고 사업에 확신을 가지며 어려움을 이겨
낸다.

　무슨 일이건 제대로 시작하려면 자신이 무엇을 원하며, 어떤
모습으로 살아가고 싶은지 분명히 알아야 한다. 또한 적절한 시
기에 사업을 시작하는 타이밍 설정도 중요하다. 지금이 바로 이
작업을 시작해야 할 때다.

3장

시작 : 전문지식 익히기

17) 왜 네트워크마케팅은 필수인가?

대부분의 사람들은 다음의 3가지 방법으로 돈을 번다. **첫째는** 시간투자이다. 한 예로 직장인들은 9시에 출근해 6시에 퇴근하면서 시간과 돈을 맞바꾼다. 하지만 시간은 누구에게나 한정되어 있으므로 이 방법으로는 수입이 크게 증가하기 어렵다. 이는 일정한 자본을 투자했다 해도 온종일 가게를 지켜야 생계를 유지할 수 있는 소규모 자영업도 해당된다.

둘째는 자본의 투자다. 자신이 가진 돈으로 돈을 불리는 것이다. 부동산 투자나 주식 투자 등이 그것이다. 하지만 이런 투자들은 투기성이 짙고 불안정하며 일정한 규모의 자본이 필요하므로 일반인이 선택했다가는 크게 실패하는 경우가 더 많다.

셋째는 복제를 통한 수입 증식이다. 이는 자신의 일을 다른 사람이나 기계에 맡기는 방식이다. 한 예로 대기업 회장은 수만 명의 종업원에게 일을 시키고 임금을 지불한다. 즉 종업원을 통해 시간을 복제하고 자신은 중요한 일에 몰두할 수 있으므로 하루에 2시간 일하고도 2000시간 일하는 효과를 얻을 수 있다.

이와 관련해 23세에 백만장자가 된 폴 게티는 21세기의 성공요소를 다음과 같이 정리했다.

첫째, 자기 사업을 가져라.

둘째, 수요가 큰 제품을 공급하라.

셋째, 제품에 반드시 보장제도를 채택하라.

넷째, 경쟁자보다 나은 서비스를 제공하라.

다섯째, 열심히 일한 사람에게는 보상을 주어라.

여섯째, 다른 이의 성공을 도우며 자신의 성공을 도모하라.

네트워크마케팅은 바로 이 6가지 요소를 정확하게 충족시키는 무한복제 사업이다. 일단 사무실이 필요 없는 자기 사업이며, 생필품 위주로 구성된 소비재에 정식 보장 제도가 있으며, 철저한 시스템 관리로 서비스의 질이 높다. 또한 일한 만큼 보상을 받으며, 서로가 윈윈하는 사업이다. 또한 생활 소비문화 속에서 고정적 이익을 내는 만큼 본업을 하면서 투잡(2 job)으로 일하는 것도 얼마든지 가능하다.

나아가 이 사업은 그저 돈만 버는 것을 넘어 시간과 돈으로부터 자유로워지고, 풍부하고 존경 받는 네트워크 관계를 구축하는 과정이다. 실로 네트워크마케팅은 지금껏 엄청난 수의 성공자들을 탄생시켰으며, 『부자 아빠, 가난한 아빠』의 저자 로버트 기요사키는 네트워크마케팅의 가치를 다음의 8가지로 구분했다.

첫째, 삶을 변화시키는 교육 시스템을 가지고 있다.

둘째, 직업을 바꾸는 것 이상의 의미를 지닌다.

셋째, 적은 비용으로도 사업 구축이 가능하다.

넷째, 부자들이 투자하는 대상에 투자할 수 있다.

다섯째, 꿈을 현실로 만들 수 있다.

여섯째, 네트워크의 진정한 힘을 발휘한다.

일곱째, 마음에 품고 있는 가치를 통해 현실을 바꿔나간다.

여덟째, 리더십의 가치를 일깨워준다.

이제 다양한 소비 관계로 얽힌 현대의 소비 구조만 잘 이용해도 부가가치를 생산해내는 것이 가능해졌다. 위험성 높은 다른 투자나 자영업에 모두를 거는 대신 자신의 기틀을 유지하면서 가치를 확장해낼 수 있는 네트워크마케팅은 가히 21세기적 사업이라 할 것이다.

그렇다면 이 사업을 언제 어떻게 시작해야 할지도 알아보자.

18) 불황일수록 시작해야 한다

일을 할 때는 우선순위가 필요하다. 순서에 맞게 일을 처리해야 한다는 뜻인데, 이때 급하게 해야 할 일은 '긴급한 일', 시간 보다는 내용이 중요한 일은 '중요한 일' 로 구분된다.

변화 속에서 활로를 정할 때도 이 긴급한 일과 중요한 일 모두를 살펴야 한다. 빠른 변화의 속도에 발을 맞추되 성급하지 않게 판단을 내려야 한다. 물론 백퍼센트 맞지는 않을지라도 미래를 가늠하고, 5년 뒤와 10년 뒤를 넓게 포괄하는 안목과 현재 일어나는 변화들을 가능한 범위 안에서 예측해봐야 한다.

' 앞으로 세상은 어떻게 변할 것인가? 그 안에서 내가 할 수 있는 일은 없을까?' 부터 시작해 '과연 나는 무엇을 잘할 수 있는가? 나는 미래에 무엇을 얻고자 하는가?' 등등 수없는 질문을 자신에게 던지고 답해봐야 한다.

물론 변화가 항상 좋은 결과만 가져오는 것은 아니다. 때로는 가진 것을 잃게 되는 경우도 있다. 하지만 가장 어려운 시기에는 또 다른 기회가 숨어 있는 경우가 훨씬 많다.

중요한 것은 변화의 양상이 모두 드러날 때까지 수동적으로 기다리는 대신 먼저 변화를 찾아나가는 용기다. 즉 이 변화가 나에게 어떤 혜택을 줄 수 있고, 언제 어떻게 도전해야 할지 타이밍을 살펴 자신만의 플랜을 짜고 이것을 실현시켜나가는 힘이다.

네트워크마케팅은 불황 속에서 각광받아온 사업이었다. 평소 일상생활의 소비를 통해 수익을 창출할 수 있는 것은 물론, 무점포 무경험을 시스템으로 극복할 수 있다는 점에서 큰 위험 없이 시도해볼 수 있는 사업이기 때문이다.

실로 많은 소규모 네트워크마케팅 사업자들이 불황 속에서 힘을 키워 대형 사업자로 변신해왔다는 이는 시대의 변화가 필연적으로 사회적 지각변동을 일으킨다는 것을 의미한다.

지금이 변화의 적기라는 생각이 든다면 그 순간을 놓치지 않는 것, 이것이야말로 타이밍의 고수들이 전하는 성공 노하우임을 기억하자.

19) 이 사업에는 세 가지 참여 방식이 있다

불법 다단계 회사들은 회원들에게 "사활을 걸고 이 사업에 도전하라."고 유혹한다. 하지만 이 같은 사업설명회 방식은 매우 부적절하며 회원들로 하여금 커다란 리스크를 감당하게 만든다. 진정한 네트워크마케팅은 열려 있는 사업으로서 각자의 선택권에 따라 참여 정도도 달라질 수 있다.

흔히 한국을 폐쇄적 경제 사회라고 정의한다. 이는 사회적 성공을 거두려면 자본과 학벌 같은 난관을 넘어야 하기 때문이다. 반면 네트워크마케팅은 학벌과 자본과는 상관없이 노력을 통해 이룰 수 있는, 아니 오히려 학벌과 자본이 없어서 더 크게 성공할 수 있는 사업이다.

자신이 사용한 제품이 좋다고 생각하면 주변에 권하고, 사업자로 활동하는 형태이므로 물건을 팔기 위해 진땀을 흘릴 필요가 없다. 그저 제품이 싸고 좋다는 것만으로도 재구매가 이루어지기 때문이다.

이 사업에 참여하는 일반인은 대부분 다음과 같은 세 가지 형태로 나뉜다.

첫째, 일반 소비자로 참여하는 것

둘째, 투잡(2 job)으로 참여하는 것

셋째, 전업자로 참여하는 것

이처럼 각자의 성향이나 여건에 따라 선택하면 된다. 모든 걸 걸고 도전하기가 두렵다면 천천히 기틀을 다져나가는 형태로 투잡을 선택할 수도 있고, 제품이 그다지 마음에 들지 않는다면 일반 소비자로 남아도 좋다. 나아가 제품과 사업에 확신이 생긴다면 전업자로 시작해도 좋다.

즉 네트워크마케팅은 부업이건 전업이건의 문제보다는, 서두르거나 성급하지 않게 사업을 키워나가는 것이 가장 중요하다.

꾸준하게 소비자 네트워크를 구축한 뒤에야 비로소 수익이 크게 불어난다는 사실을 이해하고, 차분히 준비하고, 준비한 것을 일관되게 추진해야 한다.

20) 목표가 뚜렷하지 않으면 성공할 수 없다

진정으로 성공하는 사업 모델에는 하나의 특징이 있다. 성취의 과정에서 얻을 수 있는 귀한 경험은 제쳐놓고 당장 들어올 수입만 생각하게 하는 사행성 사업과는 달리 현실적인 목표가 있다는 점이다.

헬렌 켈러는 "보지 못하고 듣지 못하는 장애보다 무서운 것은 목표가 없는 것"이라고 말했다. 목표는 인생을 끌어가는 돛대이자 행동을 불러오는 동기부여의 원천인 것이다. 즉 무슨 사업이건 목표가 필요하며 목표 없는 사업은 돛을 잃은 배가 될 수밖에 없다.

그렇다면 네트워크 사업에서 목표를 세우려면 어떤 점에 유의해야 할까?

첫째, 목표를 세워야 하는 이유를 명확히 하고 절실함을 부여하도록 세밀하게 짠다. 치밀한 고민 없이 도출된 목표는 끝까지 밀고 나가기 어렵다. 즉 이 사업을 통해 내가 현실적으로 성취할 수 있는 건 무엇이고, 어느 정도 수준이며, 여기에 어느 정도의 시간을 투자하고, 얼마의 수입을 올릴 수 있을지, 이 사업의 장점과 단점은 무엇인지를 정확히 분석하고 파악한다.

둘째, 목표를 정했다면 그 목표를 달성할 기한을 정한다. 이는 목표를 밀고 나갈 수 있는 긴장감과 에너지를 얻기 위해서다. 시한은 항상 몸으로 움직이는 행동을 이끌어낸다.

셋째, 목표 달성을 위해 무엇을 해야 할지를 살핀다. 얼마 정도의 비용과 시간 자원 등이 소요되는지를 검토하는 것이다. 만일 그 사업이 내 현실로는 감당할 수 없는 물질적, 시간적 투자를 요구한다면 과감히 접고 내 상황에 맞는 목표를 재설정해야 한다.

이를 다시 정리하면, 다음과 같은 요소들을 참고해볼 수 있다.

- 목표를 왜 세워야 하는지를 이해한다.
- 목표를 달성하는 데 필요한 기간을 정하고 비용을 산정한다.
- 목표를 이루기 위해 부족한 점을 살펴 개선한다.
- 목표로 나아가는 과정에 장애 요인은 없는지 검토하고, 있다면

대책을 세운다.

● 목표를 달성했을 때 돌아오는 이익을 세부적으로 검토한다.

이처럼 목표 달성을 위한 구체적인 지표가 완성되었다면, 보다 정밀한 정보를 입수해서 이를 분석하고 활용할 줄 알아야 한다. 다음 장을 이어서 보도록 하자.

21) 네트워크비즈니스에도 전문지식이 필요하다

만일 여러 사람에게 "지금 당신은 성공을 꿈꾸고 있는가?"라고 묻는다면 아마 다들 그렇다고 대답할 것이다. 하지만 "그렇다면 그 성공을 위해 무엇을 준비하고 움직이고 있는가?"라고 묻는다면 상황은 달라진다. 대부분은 그저 성공하고 싶다는 막연한 희망만 가지고 있기 때문이다.

네트워크마케팅도 다를 바 없다. 많은 사업설명회들이 네트워크마케팅이 어떤 배경에서 탄생했는지, 어떤 시대적 변화와 맞물려 급성장을 거듭하고 있는지에 대한 배경 지식은 일절 언급하지 않은 채, 무조건 이 사업을 하면 부자가 된다고 주장한다. 이런 사업설명회는 수백 번을 가도 결코 제대로 된 목표를 세울 수 없다. 애초에 이 설명회들은 '그저 성공하고 싶다는 막연한 희망'을 부추겨 조급하게 결정을 내리도록 하는 것이 목적이기 때문이다.

이제 우리는 성공이란 결국 시대를 읽어내는 힘에서 나오며, 21세기의 새로운 골드러쉬라 불리는 네트워크마케팅도 시대가 원해서 생겨난 사업임을 염두에 두어야 한다.

쉽게 설명하면 네트워크마케팅은 소비 중심의 사회 구조, 나아가 유통 과정의 변혁이라는 새로운 변화와 맞물리면서 급격하게 성장한 사업이다. 또한 네트워크마케팅이 100년 전이나 100년 후에 나타났다면 지금처럼 성장하기 어려웠을 것이다.

따라서 이 사업을 제대로 시작하려면, 그 전에 이 분야에 대한 철저한 전문 지식을 익히는 것이 중요하다. 필요하다면 많은 책을 사서 읽고 다양한 세미나에도 참여해볼 필요가 있다. 나아가 이 사업의 장점과 단점을 살피고, 앞으로 어떤 흐름으로 사업을 끌어나가야 할지 많은 경험을 가진 이들로부터 보고 배우는 시간이 필요하다. 아무리 완벽한 사업도 그것을 하는 이의 노력과 부지런함 없이는 결코 성공할 수 없는 것이다.

마찬가지로 네트워크마케팅도 시작하기에 앞서 충분한 정보와 지식을 수집하고 분석하는 노력이 필요하다.

자신감은 성공을 위한 필수 요건이다. 그러나 이런 자신감은 그냥 생겨나는 것이 아니다. 시대의 변화를 읽어내고 기회를 찾을 수 있는 안목과 지식을 갖춰야만 미래의 성공에 대한 탄탄한 확신과 믿음도 자라난다는 점을 기억해야 한다.

22) 회사를 잘 선택하면 절반은 성공한 것이다

아무리 노력해서 훌륭한 배경 지식을 쌓아도 그 노력이 헛되지는 경우도 있다. 사업 시작의 첫 걸음인 회사의 선택에 실패한 경우가 그렇다.

무작정 노력만 한다고 성공하는 것이 아니듯이, 네트워크마케팅은 회사와 제품을 잘 선택해야 그간 쌓아온 노력도 빛을 발한다. 업체를 선택하는 것은 그 자체로 사업 방향을 결정하는 것과 다름없기 때문이다.

한 예로 건전하게 성장하는 네트워크 회사와 불법 피라미드 중에 불법 피라미드를 선택할 경우 그것은 노력과는 별개로 실패가 예견될 수밖에 없다. 따라서 업체를 선정할 때는 서두르지 말고 다각도로 확인하고 점검해 시행착오를 줄여야 한다. 업체 선정 시 고려해야 할 기본적인 부분은 다음과 같다.

- 경영 이념과 재무구조 : 회사와 사업자가 윈윈하는 곳인지와 부채 등 재무구조를 살핀다.
- 시스템 : 마케팅 플랜과 프로그램은 그 회사의 시스템을 대변한다. 이것이 합리적이고 지속성이 있는지 따져본다.
- 상품 : 회원들의 입소문으로 확산될 만큼 좋은 상품인지 제품력을 가늠해 본다.
- 신뢰도 : 회사의 직원은 물론 동료 사업자들이 신뢰감을 주는지 체크한다.
- 본인의 능력 : 과연 내 능력과 적성에 맞는지도 살핀다.

그 외에도 확인해야 할 부분은 다음과 같다.

첫째, 해당 회사가 적법한 회사인지 법률적 등록번호를 반드시 확인한다. 불법 회사들의 경우 등록번호가 없다.

둘째, 회사의 상품을 면밀히 검토한다. 내가 자신감 있게 활동하려면 그 회사의 제품이 안정적이어야 한다. 다른 광고에 기대지 않고 품질로 승부수를 던지는 비즈니스의 세계에서는 가격과 제품력 등이 중요한 경쟁력이 된다.

셋째, 회사가 무리한 실적을 요구하는지 가늠해야 한다. 회사가 수입이나 직급 등을 빌미로 지나치게 실적을 강요하는 분위기라면 얼마 안 가 지쳐버리거나 무리한 행동을 유발할 가능성이 높다.

다시 강조하지만 업체 선택은 실패와 성공을 좌지우지하는 중요한 부분인 만큼 조금의 소홀함도 허락해서는 안 된다.

23) 청약 철회와 피해보상제도를 살펴야 한다

최근 발생한 엄청난 금액의 다단계 피해는 각각의 사업자들이 법적 조항을 점검하지 않았던 것에도 일부 원인이 있다. 만일 이 부분을 미리 점검했더라면 피해액도 적었을 것이다. 다음은 회원가입 전에 미리 알아두어야 할 사항들이다.

첫째, 올바른 네트워크 회사는 탈퇴가 자유롭고 판매하지 못한 상품은 업체에 반환해 상품 대금을 환불받을 수 있다. 또한 업체가 폐업을 하거나 방문판매 등에 관한 법률을 위반해 등록이 취소됐을 경우도, 공탁금에서 상품대금을 환불받을 수 있다는 점을 알아두자.

둘째, 14일 이내라면 청약을 철회할 수 있다. 즉 상품을 구매하거나 서비스를 제공받았다 해도 다음의 기간 내에 제품이 훼손되지 않았다면 언제든지 청약을 철회할 수 있다.

▶ 계약서를 교부받은 때로부터 14일 이내
▶ 계약서를 교부받은 때보다 상품의 인도 또는 서비스 제공이 늦었을 경우는 상품을 인도받거나 서비스를 제공받은 날로부터 14일 이내
▶ 계약서를 교부받지 않았거나 주소 등이 기재되지 않은 계약서를 교부받은 경우, 또는 네트워크마케팅 업체의 주소가 변경되는 등의 이유로 청약을 철회할 수 없을 경우에는 그 주소를 안 날 또는 알 수 있었던 날로부터 14일 이내
▶ 소비자가 청약의 철회의사를 표시한 서면을 발송했을 경우에는 서면을 발송한 날 그 효력이 발생한 것으로 간주된다.

참고로 환불을 쉽게 받으려면 사업자보다는 네트워크마케팅 업체에 직접 청약을 철회하는 편이 낫다.

셋째, 소비자 피해보상 제도를 적용받을 수 있다. 2002년 7월 1일부터는 네트워크마케팅 업체가 폐업하거나 부도가 났을 경우

에도 구입한 물품의 대금을 반환 받을 수 있게 되었다. 업체들마다 소비자들의 물품 반환에 대비해 3개월분 매출액 규모를 소비자 피해 보상보험에 의무적으로 가입하도록 되었기 때문이다.

마지막으로, 네트워크 마케팅 업체들이 판매할 수 있는 1개 물품의 가격 한도가 현재 최고 100만원에서 130만원으로 바뀌었다는 사실도 염두에 두자.

24) 리스크, 피할 수 없다면 즐겨라

시작하기만 하면 성공하는 사업은 없다. 새로운 일을 시작하려면 어느 정도 리스크를 감수해야 한다. 네트워크비즈니스도 마찬가지다. 아무리 훌륭한 시스템을 갖춘 회사와 협력한다 해도, 사업을 일구어가는 것은 결국 그 자신이며, 그 과정에서 장애를 이겨내는 것도 그 자신이다. 설사 최소의 리스크가 발생할지라도 몸으로 움직이라는 뜻이다.

일본의 유수 전기회사인 마쓰시타는 1950년 무렵 흑백 TV 보급률이 고작 5퍼센트였던 무렵 보급률의 급상승을 예측하고 대대적인 투자를 감행했다. 당시 여론은 마쓰시타의 투자가 무리하고 어리석은 것이라고 단정했다. 그러나 다음해 일본 황태자의 성혼식이 방영되면서 흑백 TV는 폭발적인 보급률을 보이기 시작했고, 이 사건으로 마쓰시타 전기는 일본 TV 시장을 석권했다.

이는 TV가 얼마 안 가 인기 상품이 될 것이라는 정확한 예측, 가정문화에 기여한다는 목표 의식, 그리고 상식을 뛰어넘어 나아가는 마쓰시타 고노스케의 높은 이상과 정확한 분석, 단호한 결단력이 있었기에 가능했다.

심한 커브길이 있을 때 그 길을 몇 번 다녀본 사람은 어디서 핸들을 꺾고, 어느 지점에서 기어를 바꿔야 할지 예측할 수 있다. 반면 낯선 곳에서 차를 몰면 예측이 불가능하므로 어디서 브레이크를 밟거나 기어를 올릴지 망설이게 된다.

네트워크비즈니스도 마찬가지다. 아무리 이론적으로는 쉬워 보여도 막상 들어서면 예상치 못했던 문제들이 발생할 수 있으며, 이 어려움들을 이겨낼 인내와 힘이 필요하다. 행운으로 들어서는 커브 길은 언제나 다가온다. 중요한 것은 어느 지점에서 핸들을 꺾어야 할지를 아는 '시의적절한 결단'이다.

사실 네트워크마케팅은 남녀 차별도 없고, 능력에 따라 성공하고, 노력한 만큼 수익을 얻을 수 있는 시스템임은 틀림없으나 아무나 할 수 있는 일은 아니다. 누구나 도전해볼 수 있겠지만, 이 사업에서 성공하려면 반드시 경험이 필요하다.

우리가 새로운 일을 시작할 때 겁을 먹는 것도 이 경험이 없어서다. 하지만 처음부터 경험이 풍부한 사람은 아무도 없다. 또한 네트워크 사업에서는 앞서 사업을 시작한 사람들을 통해 얼마든지 배울 수 있다. 네트워크마케팅에는 다운라인과 업라인 사이의 견고한 유대관계를 통해 리드해 주는 시스템이 구축되어 있고, 협력하여 서로를 도와야 더 많은 사람이 이익을 얻기 때문이다.

이외에도 처음 시작할 때의 다른 어려움, 리스크도 있을 수 있다. 그러나 그런 리스크를 가지지 않는 사업은 애초에 없으며, "돈 얻고 사람 잃는" 대신 네트워크마케팅은 "돈 얻고 사람까지 얻었다."고 자랑스럽게 말할 만한 사업임을 알아둘 필요가 있다.

다음 장에서는 이 같은 네트워크마케팅의 안정적 시스템을 뒤흔드는 불법 다단계의 거짓말들에 대해 알아볼 것이다.

이는 미리 알아두고 정보를 얻어 불법 다단계를 구분할 수 있는 눈을 기르기 위함이기도 하지만, 뒤집어 보면 진정한 네트워크비즈니스에 돌입하려면 어떤 면에 주의해야 하는지, 어떤 부분을 감안해야 할지를 알 수 있는 좋은 기회이기도 할 것이다.

4장

비밀 : 제대로 시작하기

25) 세상에는 세 종류의 거짓말이 있다

세상에는 세 가지의 거짓말이 있다. 첫째는 정말 몰라서 하는 거짓말이다. 이는 정보전달에는 실패했어도 도덕적으로는 큰 타격을 입지 않는다. 둘째는 선의의 거짓말이다. 이는 문제를 확대시키거나 남에게 고통을 주지 않으려는 거짓말이므로 잦지만 않으면 크게 해될 것이 없다.

마지막 거짓말은 악의에서 나온 거짓말이다. 여기서의 악의란 내 개인적 이익을 위해 타인을 이용하거나 그의 권리를 침해하는 행위를 뜻한다. 많은 불법 피라미드 회사들이 이 세 번째 거짓말에 능숙하다.

이들이 주로 하는 거짓말들은 이윤에 눈이 멀어 급하게 모든 것을 결정하고 사업에 발을 들이도록 만드는 달콤한 거짓말들이다. 다음은 불법 업체들의 주된 거짓말 유형을 정리한 것이다. 잘살펴보고 어떤 사업설명회든, 더 나아가 어떤 사업자든 다음의 유형을 강요하거나 권한다면 일단 발을 빼고 곰곰이 생각해봐야한다.

1. 일자리를 알선하겠다
: "좋은 일자리가 있어. 보수는 꽤 높아. 지금 파트너가 필요해

서 그런데 잠시 와줘."

2. 누구나 다 하는 사업이다

: "이 사업은 아주 쉽고 빨리 돈을 벌기 때문에 수익성이 높아. 변호사, 의사들도 많이 해. 아는 사람들은 다 하는 사업이야."

3. 제품이 너무 뛰어나다

: "이거 쓰고 나서 완전히 달라졌어. 가격은 좀 되지만 그만큼 가치가 있지."

4. 회원 탈퇴 시에 각서를 써야 한다

: "그냥 형식적인 거라고 보면 돼. 회원 파악도 해야 하고 신상 명세도 필요하니까. 만약을 위해 하는 거니까 부담 가지지 마."

5. 실패한 인생 그대로 살겠는가

: "너 정말 좋은 기회 놓치는 거 알지? 네가 싫다면 어쩔 수 없지만, 어차피 부자 되는 것도 다 인연이 있어야 하는 거지."

6. 크게 노력하지 않아도 저절로 된다

: "이 사업은 큰 노력이 필요한 게 아니야. 그냥 사람들 몇 명

네 하부라인으로 끌고 오면 그 사람들이 또다시 다른 사람들을
모집하거든."

26) 잘못된 불법 다단계는 인간관계를 파괴한다

살다보면 나를 이끌어주는 사람을 만나게 될 때가 있다. 마찬
가지로 네트워크마케팅도 좋은 리더를 만나는 것이 중요하다. 실
로 네트워크마케팅에서는 휴먼 네트워크를 통해 모두가 수익을
얻는 윈윈이 가능하다. 그러나 불법 다단계의 경우는 완전히 다
르다. 이들은 '인간 네트워크'가 아닌 '인간 사냥'을 한다. 회원
이 되고자 하는 사람들에게 과도한 초기부담을 지우는 것만 봐도
잘 알 수 있다.

80년대 후반에 우리나라에 불었던 피라미드 열풍을 보자. 가족
몰래 큰돈을 벌어보겠다고 이 사업을 시작한 사람들이 가족과 친
구까지 끌어들이다가 파산과 가정파탄을 겪었다. 이는 피라미드
조직이 돈뿐만 아니라 사람과 사람 사이에 얼마나 심각한 문제를
일으키는지를 보여준다.

심지어 1997년 3월에 일어난 알바니아 내전도 불법 다단계에
서 시작되었다면 믿겠는가? 당시 알바니아는 10여 개에 이르는

피라미드식 예금 계좌 열풍에 휩싸이면서, 3가구에 1가구 꼴로 사기를 당했다. 그 금액만도 국민총생산의 30%에 가까운 10억 달러에 달했다.

이는 피라미드 계좌에 돈을 투자했던 국민들이 투자 회사들이 연달아 도산하자 원금보장조차 불가능해진 것에서 시작되었다. 이 사태로 정부가 예금계좌를 아예 동결해 버리자 야당연합에서는 알바니아 정부가 피라미드식 투자를 장려하며 정치자금을 조달해 왔다고 비난했고, 국민들도 정권 퇴진과 조기 총선을 요구하는 정치적 시위를 벌이기 시작해 이것이 내전으로까지 번지고 말았다. 이처럼 피라미드 조직은 상상 이상으로 무서운 후유증들을 몰고 오는데, 그 보편적 유형은 다음과 같다.

첫째, 맹목적인 배금주의를 조장한다. 불법 다단계 회사는 사람을 모집할 때 '돈' 이라는 단어를 가장 많이 사용한다. 특히 짧은 시간에 높은 수입을 얻을 수 있다고 유혹해 사람들을 끌어들인다. 이렇게 모집된 사람들은 대부분 몇 달 안에 최소한의 생활도 유지하기 힘든 상황에 처하게 된다.

둘째, 정신을 다치게 만든다. 불법 조직들은 예상 가입자가 설명회에 참석하면 반복적인 '세뇌' 를 가한다. 때로 폭력과 강압이

이루어지기도 하는데, 이처럼 혹독한 과정을 거치며 도덕적 가치
관이 무너지고 '돈이면 다 되고 수단은 어때도 상관없다.' 는 생
각이 자리를 잡게 된다.

　실제로 가입을 거부하면 가두거나 폭력을 행사하는 일도 적지
않고, 일단 가입하고 나면 친구 · 동료 · 가족들에게 계속 거짓말
을 반복해야 한다. 그러다가 잘못됐다는 것을 알고 발을 빼려 해
도 설득과 회유에 사로잡혀 쉽게 물러서기가 어렵다. 그렇게 빠
져나온 뒤에도 여러 가지 후유증에 시달린다.

　셋째, 인간관계를 파괴한다. 불법 조직은 새로운 사업자를 모
집하면서 그들이 친구와 직장동료 · 가족과 친척들을 모두 동원
하게 만들지만, 그럼에도 원하는 수익을 올리는 사람은 거의 없
다. 게다가 거짓말에 대한 비판과 질책 속에서 친구 관계나 가족
관계에 금이 가게 된다. 이처럼 불법 피라미드는 특히 사회의 근
간인 인간관계를 파괴한다는 점에서 한 개인의 문제를 넘어 사회
전체에 위협이 된다.

　그렇다면 이처럼 무서운 불법 다단계에 빠져드는 이유는 무엇
일까? 앞서도 살펴보았지만 일확천금에 대한 것이 이유라고 할
수 있다. 그렇다면 불법 다단계들이 이용하는 숫자 놀이의 허와
실은 무엇인지 다음 장에서 살펴보도록 하자.

27) 감동 없는 숫자의 게임에서 벗어나라

폰지 게임이라는 것이 있다. 이것은 1920년대 미국의 사기꾼 찰스 폰지의 이름에서 따온 말로서, 가짜 사업으로 투자자를 모아 그들의 돈을 착복하고 막상 투자자들에게 주어야 할 이익금은 다음 투자자들이 낸 돈으로 충당하는 '밑 빠진 독 물 붓기' 수법이다. 바로 이 폰지 게임이 피라미드의 원조다.

그중에서도 무서운 피해를 내는 것이 금융 피라미드인데, 앞서 언급한 알바니아 내전은 물론 우리나라에도 그 피해 사례가 급증하고 있다.

150~500만 원을 내고 2주 안에 판매원을 1명 늘이면 원금의 2배를 주겠다며 회원을 모집한 회사가 적발되는가 하면, 선순위 투자자들에게 투자액의 4배를 한 달 안에 지급한다는 피라미드 회사도 경찰에 덜미를 잡혔다.

그러나 여기에서 그치지 않고 이외에도 수많은 금융피라미드 조직이 끊임없이 생겨나고 사라지기를 반복했다. 특히 대량 실업과 경제 불안이 이어지고 있는 최근에는 낙찰계 방식으로 운영되는 피라미드와 증권투자를 빙자한 금융피라미드까지 생겨나고 있다.

그렇다면 사람들이 금융피라미드에 걸려드는 가장 큰 이유는 무엇일까? 바로 그들이 제시하는 어마어마한 숫자 때문이다. 이런 불법 피라미드 사업자들은 대개 사업설명회를 통해 100만 원을 투자하면 4개월로 나눠 500만 원을 지급하겠다는 식으로, 원금보다 훨씬 높은 수익을 강조한다. 여기에는 상위 투자자가 하위 투자자를 끌어들이는 다단계 방식이 고스란히 이용되고 엄청난 고금리를 적용하기 때문에, 대부분은 생각할 틈도 없이 숫자의 덫에 걸려들게 된다.

게다가 증시와 환율 불안, 펀드와 부동산 시장 불경기 등으로 투자자들의 심리가 불안한 것도 문제다. 최근 조사한 바에 의하면 금융 피라미드 피해자는 총 30만 명 정도이며, 피해액만도 5조 가까이 된다. 또한 피해자와 피해액이 매년 늘어나는 추세다. 조금만 더 합리적이고 이성적으로 생각했다면 당연히 빠져나갈 수 있음에도 천문학적 숫자 앞에서는 현실 감각을 잃게 되는 것이다.

결국 선의의 피해자가 더 이상 생겨나지 않고 네트워크 사업이 건전하게 발전하려면 이를 검거하는 당국의 지속적인 노력도 필요하지만, 옥석을 가려내는 소비자들의 자정 노력 또한 중요하다. 숫자 게임에 놀아나지 않으려는 개개인의 합리적인 사고가 필요한 것이다.

불법 다단계 업자들이 흔히 이용하는 수법은 이것만이 아니다.

계속해서 다음 장을 보자. - 출처 〈굿바이 딜레마〉

28) 불법 다단계의 레파토리는 무엇인가?

불법 다단계 업체들이 가장 좋아하는 말이 무엇일까? 바로 '사상최고' 또는 '사상최대' 이다. 이것이 그 회사의 영업 방식 이나 제품들을 새로운 것처럼 느끼게 해서 눈길을 끌기 때문이 다. 그러나 그 말이 진짜인지 곧 확인해 볼 수도 없고, 실제로 사상 최고라 해도 사실은 그것이 지극히 당연한 경우인 경우가 적지 않다.

예를 들어 우리나라의 인구는 앞으로 해마다 사상 최대가 된 다. 연간 사망자보다 출생자 수가 많기 때문이다. 통계청 인구 추 산으로 계산해 보면 우리나라 인구는 2018년까지 4934만 명이 되는 등 꾸준히 증가하다가 2018년 이후에는 다시 감소세로 접 어들 것이다. 따라서 2018년까지는 해마다 "올해 인구는 사상 최 고"가 된다.

이 같은 '사상 최고 마케팅'은 이미 비즈니스에서 하나의 룰 모델이 되었다. 많은 금융 상품들이 '국내 사상 최고의 금리'를 제시하거나, '사상 최고의 매출액과 이윤'을 자랑해 고객의 신뢰를 얻고 자신들의 역동성을 증명하는가 하면, 심지어 쇼핑몰도 소비자의 심리적 저지선을 무너뜨리기 위해 '사상 최고의 할인 폭'을 강조한다. 실제로 이 같은 사상 최고 마케팅은 소비자로 하여금 이윤에 대한 확신을 갖게 함으로써 예기치 못한 계약이나 충동구매를 하도록 만든다.

불법 피라미드 업체도 이 비즈니스 룰을 잘 알고 있을뿐더러, 이를 훨씬 강도 높은 수위로 시행한다. 사업 설명회 등에서 높은 이자율과 단기간 내의 비현실적인 수입 증폭을 제시하는 금융 피라미드의 경우가 그런데, "우리 상품은 사상 최고의 이율을 낼 수 있고, 우리 회사 역시 기존의 제도권의 틀을 벗어난 혁신적인 기업입니다."라고 소개한다.

하지만 여기서의 사상 최고의 이율이란 결코 내 손 안에 들어오지 않는 금액, 즉 환상만 부추기는 선전용 금액일 가능성이 높으며, 기존의 제도권 틀을 벗어났다는 것은 불법적 행위임을 스스로 인정하는 것에 다름 아니다.

그러나 무엇보다 큰 문제는 '사상 최고와 사상 최대'에 필요 이상의 신뢰와 관심을 보이는 우리의 태도다. 이는 사태를 현실적으로 분석하지 않고 무조건 통계의 장난만을 맹신하는 일반 통념과도 관련이 있다.

따라서 어떤 사업 설명회이든 '사상 최고'를 강조한다면 일단은 상술이라 여기고 의심을 품어봐야 한다. 그것이 진짜인가, 가짜인가는 하루 이틀만 조사해보면 알 수 있는 문제인 만큼 섣불리 발을 담그지 말아야 한다.

물론 이성적이고 합리적인 사고를 가진 사람이라면 애초에 그런 곳을 가지 않겠지만 말이다.

29) 경제학자들도 거짓말을 한다

사기꾼이야 거짓말을 하는 게 당연하다. 그런데 전문가들도 거짓말을 한다면 어떻겠는가? 대부분의 사람들은 전문가의 말이라면 무조건 믿고 일단 따르고 본다. 그러나 경제 부분의 최고 전문가라고 일컬어지는 석학들도 거짓말을 하거나 실수를 한다.

2007년, 미국의 외교 전문지 「포린 폴리시」에 흥미로운 글이 실렸다. '경제학자의 거짓말' 이라는 제목으로 발표된 이 글은 대표적인 경제학자들의 대표적인 거짓말을 "높은 생산과 낮은 실업률이 모두를 잘 살게 해준다." 는 말로 꼽았다.

미국은 2001년 이후 6년 동안 노동생산성이 15%나 올랐음에도 정작 중산층의 임금은 4% 하락했기 때문이다. 뿐만 아니라 이 공식적인 거짓말이 틀렸다는 사실이 다른 나라들에서도 속속 증명

되기 시작했다.

이 예측이 어떤 이유로 거짓말이 되었는가에 대해서는 의견이 분분하고 우리로서는 예측 못하는 이유가 있겠지만, 아무튼 경제학자들도 여러 이유로 비현실적인 이야기를 할 수 있다.

다단계 업계들이 동원하는 경제 전문가들도 마찬가지다. 어떤 사업 설명회를 가보면 경제 전문가라는 칭호 아래 자신은 다단계를 다 안다는 식의 태도를 취하는 사람들이 있다. 그들은 교묘한 경제 논리로 사업자들을 현혹하고 그 대가로 많은 이익을 챙긴다. 사람들도 단지 전문가라는 직함 때문에 그의 말이 현실에서 통하리라 믿는다.

그러나 이들의 말이 정말로 현실에서 적용 가능한 지식일까?

앞의 「포린 폴리시」의 예와 같이 이론과 현실은 다르다. 이론의 세계는 현실의 세계를 완벽히 규정하거나 분석할 수 없다. 아무리 놀라운 통찰을 지닌 경제학자도 발로 뛴 현장 경험이 없는 한 그에 대해 다 안다고 말할 수 없다. 네트워크마케팅은 현장성이 강한 사업이므로 더더욱 그렇다. 이론을 분석하고 연구하는 것도 중요하지만, 그 이론가도 현장에서 직접 뛰고 경험한 자를 당해낼 수 없다.

더 큰 문제는 이들의 거짓말이 하나같이 '고소득과 높은 이윤'에 초점이 맞춰져 있다는 점이다. 이 때문에 네트워크마케팅 시스템의 본질은 무시되고, '더 많은 돈을 투자하면 더 많은 이익을 얻는다'는 이론이 성립된다. 또한 사람들은 이를 철석같이 믿고 실패한다.

이는 사람들이 전문가에 대해 얼마나 잘못된 믿음을 가지고 있는지를 단적으로 보여준다. 전문가의 말이라면 모든 게 진실이라고 여겨지는 풍조가 불법 다단계 피해의 증가에 기여하게 된 셈이다.

이 같은 거짓말들을 믿지 않으려면 어떻게 해야 할까? 우선은 자신을 먼저 믿는 노력이 필요하고, '왜 그런가' 이유를 따져 묻는 합리적인 사고가 필요하다.

자본주의 세상을 움직이는 가장 큰 힘은 이윤의 추구다. 이윤의 추구 앞에서는 이론도 얼마든지 잘못 도용된다. 또한 이론은 현실을 완벽하게 반영할 수 없는 만큼, 경제 전문가들도 결국 이윤을 추구하는 이들임을 이해해야 한다.

30) 지나친 욕망은 네트워크 시스템을 망가 뜨린다

"네트워크사업에서 돈을 번다고? 절대 안 될 걸. 나는 3년 했는데 손해만 봤어."

이런 말을 하는 이들에게는 두 가지 공통점이 있다.

첫째, 그들은 모두 돈을 벌지 못한 사업자들이다. 둘째, 그들은 단기간에 많은 돈을 벌기를 원했다.

비단 네트워크마케팅뿐만이 아니다. 어떤 분야건 그 분야를 험담하는 이들은 놀랍게도 그 분야에서 일하다가 등을 돌린 이들이다.

거듭 강조하지만 네트워크마케팅은 일확천금 사업이 아니다. 몇몇 뛰어난 사업자들을 제외하면 시작한 지 얼마 안 돼 떼돈을 버는 일은 결코 일어나지 않는다. 이것은 망상일 뿐 네트워크 사업의 본질상 있을 수 없는 일이다.

어떤 면에서 네트워크마케팅은 끊임없이 배워나가고 노력하는 과정이다. 위에서처럼 불만을 표하는 이들은 네트워크마케팅 시스템 자체를 부정하거나 폄하하고 그로 인해 네트워크 사업에 대한 부정적 견해를 확산시키는데, 사실 이는 시스템의 실패라기보다는 한 개인의 노력과 인내의 실패로 보아야 할 때가 많다.

그런가 하면 성공하고 싶다는 욕망 때문에 잘못된 사업 방향으로 나아감으로써 노력의 가치를 훼손시키는 경우도 많다. 그룹을 늘려 수익을 올리겠다는 욕심에 사로잡혀 다운라인을 혹사시키는 경우인데, 이들은 다운라인에게 수백 만 원 어치의 제품을 사도록 강요하면서 '업라인이 시키는 대로 복제하라'고 말한다.

이는 올바른 리더십이 아닐뿐더러 네트워크마케팅의 본질 자체를 흐리는 일이다. 하위 사업자들은 대개 리더의 제안에 따르는데 이때 리더들이 "무슨 사업이건 3천만 원에서 1억 정도는 초기 자금이 들지 않는가, 이 사업을 하겠다고 마음먹었다면 기본적으로 1백만 정도는 제품 값으로 먼저 써라."고 강조하는 식이다.

이럴 때 하위 사업가들은 리더의 지침을 따라 이른바 '홈샵' 이라는 이름으로 적게는 1백만 원에서 많게는 3백만 원까지 지출한다. 그러다가 제품을 팔지 못해 조급해지면 실수를 거듭하다가 네트워크마케팅에 대해 좋지 않은 기억만 잔뜩 안고 조직을 나가 독설을 퍼붓는다.

물론 안정된 그룹이 형성되어 매월 몇 백만 원 정도의 제품을 충분히 소화시킬 수 있다면 당연히 좋은 것이다. 실제로 성공적인 인맥을 구축한 성공적인 사업자들에게 이 정도는 별 문제가 되지 않는다.

물론 네트워크마케팅의 시스템에서 '업라인의 복제' 는 필수불가결한 것이며 성공 가능성을 높여주는 첫 번째 지침이다. 문제는 이 같은 복제의 의미를 잘못 알고 있거나, 잘못 전달하는 사람들이 적지 않다는 것이다.

실로 성공한 네트워크 사업자들은 "네트워크 마케팅에서 가장

중요한 것은 '복제(複製:duplicate)'라는 원칙을 다르게 받아들인
다. 이를 스폰서와 업라인의 경험과 노하우를 배우고 그대로 따
라 행동하는 것을 복제라 이름할 뿐, 다운라인에게 많은 물건을
사고 타인에게 물건을 팔도록 강요하는 것을 복제라고 이름하지
않는다.

이처럼 진정한 '복제'의 의미를 이해하지 못한 조직은 결과적
으로 좋지 않은 결과만 낳는다. 따라서 네트워크비즈니스를 시작
할 때는 각각의 개념을 정확히 파악하고 올바른 행동지침을 마련
하는 일도 중요하다.

또한 무리한 이윤 추구 등으로 좋은 시스템의 본질을 흐리는
안타까운 일이 일어나지 않도록 지속적인 마인드 계발도 필요
하다.

5장

성취 : 무한 성공확신

31) 시스템의 특징을 정확히 파악하라

네트워크비즈니스를 제대로 하려면 어떤 개념을 제대로 알아야 할까? 앞서도 여러 번 강조했지만 네트워크비즈니스 시스템의 사업이라고 불린다.

실제로 네트워크 마케팅에서 시스템은 아무리 중요성을 강조해도 지나치지 않다. 그럼 지금부터 21세기 시스템이라 불리는 네트워크 비즈니스의 특장점을 살피고 그 개념을 정확히 파악하도록 하자.

- 쉽게 따라할 수 있어야 한다

좋은 사업은 성과를 독점하는 것이 아닌 많은 사람에게 기회가 제공되는 사업이다. 이는 누구에게나 성공의 기회가 주어질 수 있다는 의미이기도 하다. 만일 학력이나 성별, 나이, 경제적 능력에 제한이 있다면, 아마 네트워크마케팅은 지금처럼 성장할 수 없었을 것이다. 이 사업은 꿈을 이루고자 하는 마음만 있다면 누구나 도전해볼 수 있는 사업으로, 많은 이들을 통해 검증된 사업이기도 하다.

- 노력이 축적되고 복제되어야 한다

직장이나 자영업은 한 번 노력하면, 한 번의 결과만 나타난다. 그러나 시스템에서는 그 한 번의 노력이 복제되어 훨씬 큰 결과를 만들어낸다. 또한 이 달의 노력이 다음 달로 지속적으로 이어지고 축적된다. 즉 사업체가 처음 1명에서 10명, 100명, 1,000명, 1만 명, 10만 명으로 커지며, 또 이렇게 복제된 사업은 시스템 속에서 자율적으로 활동하며 수익을 낸다. 즉 2~5년의 노력이 옛날식 사업의 20~50년의 결과를 가져다줄 수 있다.

- 정보와 지식, 꿈을 공유해야 한다

네트워크마케팅은 많은 이들이 시스템을 통해 정보와 지식을 교류하고 서로가 원활한 사업을 진행할 수 있도록 격려하는 인적 기반 네트워크로 이루어진다. 또한 서로의 꿈을 시스템을 통해 키우고 함께 발전시켜 나간다.

- 고정관념과 거절을 함께 극복해야 한다

새로운 개념은 반드시 고정관념과 충돌을 일으킨다. 만일 나 혼자라면 그 고정관념을 극복하기가 쉽지 않다. 하지만 시스템은 여럿이 함께 장애물을 극복하게 해줌으로써 난관을 이겨내는 매뉴얼을 형성해 쉽사리 무너지지 않을 수 있다.

자, 여러분은 위의 조건들을 어떻게 받아들이겠는가? 만일 나만 성공해서 부자가 되겠다는 생각이라면 네트워크마케팅은 여러분에게 맞지 않는 사업일 가능성이 높다. 반면 한 그룹이 함께 성장하고 서로의 성장을 독려하는 시스템에 동의한다면, 이 사업은 분명히 도전해볼 만하다.

하지만 견물생심이라는 말이 있다. 눈앞의 이익이 보이기 시작하면 처음의 마음도 변하게 마련이다. 그래서 필요한 것은 마인드컨트롤이다. 다음 장을 보자.

32) 지속적인 마인드 쇄신만이 성공을 보장한다

네트워크마케팅이 시작된 곳은 미국이다. 그리고 우리나라에 도입된 시점부터, 네트워크마케팅은 수많은 비난에 휩쓸렸다. 이른바 피라미드라고 불리는 변질된 불법 다단계와 천문학적인 피해 금액과 수백 만 명의 피해자를 양산하면서 '네트워크마케팅은 사기공화국'이라는 말까지 생겨났다.

게다가 외국에서 수입된 검증되지 않은 다단계 회사 수가 급증하고, 불법 회사 경영자들이 구속되는 등 지금 이 순간에도 사람들은 모든 걸 까맣게 잊고 다단계에 가입하고 빠져든다. 그 결과 사기가 또 다른 사기를 양산한다.

사기를 당한 사람이 자신의 피해를 보상받기 위해 또 다른 사람에게 피해를 주기 때문이다. 실로 다단계로 피해를 본 사람들이 그 불법 원리를 익혀 새로 사업을 주도해 또 다른 피해자를 양산하는 일이 적잖게 벌어지고 있다.

한동안 벤처 열풍이 사라지고 시민 투자자들이 몰락한 지 15년, 주식 대박을 꿈꾸며 야심만만하게 달려들었던 사람들 역시 투기의 마수에 걸려들어 깡통계좌를 차는 일이 허다하다. 부동산도 예외가 아니다.

이처럼 여러 외부적 상황과 내부적 모순으로 더 이상 재테크 비전을 찾아볼 수 없는 지금, 갈 곳 없는 돈이 일확천금의 꿈을 자극하는 불법 피라미드로 몰리고 있다.

실제로 불법 피라미드의 사기 금액 규모는 상상을 초월한다. 제이유 사건의 경우 피해 금액이 몇 조 원에 다다랐다. 이렇게 큰 사기를 쳐도 제대로 해결되지 않으니, 작은 사기들은 그러려니 하는 수준이다. 이처럼 피해 규모가 커지면서 네트워크마케팅은 '종합 사기 집단'으로 낙인 찍혔고, 성실한 사업자들까지 비난의 대상이 되고 있다.

이 같은 상황에서 벗어나려면 무조건 불법 피라미드만 탓할 것이 아니라, 모든 네트워크마케팅 사업자와 조직들이 쇄신의 마음가짐을 가져야 한다. 자신을 스스로 돌아보고 정직하게 살겠다고 노력하며, 조직의 서로가 서로를 믿을 수 있도록 신뢰를 쌓아가야 한다.

네트워크마케팅은 결국은 사람으로 이루어지는 인적 휴먼 네트워크 사업이다. 단기간의 이익을 내기 위해 애써 쌓아온 조직을 무너뜨린다면 그것은 평생 보장받을 수 있는 장기적 이득을 포기하는 일과 다름없다는 점을 기억하자.

33) 네트워크마케팅의 유아기로 돌아가 생각하라

네트워크마케팅의 유래는 1945년으로 거슬러 올라간다. 이 시스템을 처음 고안한 사람은 리 마이팅거라는 세일즈맨과 윌리엄 켓 셸버리라는 심리학자였다.

이 두 사람이 네트워크시스템을 고안한 것은 세일즈맨들의 심리를 통해서였다. 물건을 팔 때마다 일정한 판매 이익을 가져가는 세일즈맨들이 이때 자신이 모집한 하위 세일즈맨들의 매출에서도 금전적인 보상을 받게 되면 더 큰 능력을 발휘하게 된다는 것을 알게 된 것이다.

이후 이 이론을 바탕으로 뉴트리라이트라는 미국의 건강보조

식품 제조회사가 설립되었고, 이곳에서 사업자로 일하던 리치 디보스와 제이 밴앤델이 1959년 밴 앤델의 작은 지하 창고에서 시작한 네트워크마케팅 회사가 바로 암웨이다. 물론 네트워크시스템을 처음 도입한 것은 뉴트리라이트였지만, 본격적인 네트워크마케팅의 시초가 된 회사는 이 암웨이다.

이처럼 50여 년 전부터 미국에서 시작된 네트워크마케팅은 이제 전 세계로 파급된 상황이다. 사업 아이템은 주로 생활 소비재이며, 물건 하나를 팔고 사더라도 서로의 얼굴을 마주보고 모든 참여자들이 공유하고 상부상조하는 시스템으로 이루어진다. 그렇다면 이 네트워크마케팅이 우리나라에 도입된 시기와 배경은 언제일까?

네트워크마케팅이 처음 한국에 상륙한 건 70년대 후반 외국 여행객들이 찾아와 다단계 판매와 유사한 형태로 판매를 시작하면서였다. 당시만 해도 한국은 유통시장을 개방하지 않았기 때문에, 이 사업은 미국계 피라미드 사를 모방한 형태로 부분적으로 반석을 놓기 시작했다. 그러다가 1983년 SEC라는 회사가 들어오면서 본격적으로 네트워크마케팅이 도입되었고, 이 회사를 이끌던 7명의 임직원들이 일본, 프랑스에서 교육을 받은 뒤 칠성(7명으로 구성)이라는 상호로 판매를 시작했다.

그러나 한국 네트워크마케팅 사업의 줄기가 본격적으로 성장한 것은 세계적인 미국 기업들이 상륙하면서부터다. 1990년이 되자 썬라이더와 포에버리빙 등과 함께 여러 외국계 네트워크마케팅 사들이 국내에 진출했고, 그중에 암웨이도 있었다. 이들의 첫 한국 시장 진출은 그야말로 열풍의 도가니였다. 암웨이는 영업을 개시한 지 고작 이틀 만에 비즈니스 키트 3만 개를 판매했는데, 이는 다단계에 대한 한국 시장의 관심이 높은 수준에 달해 있었음을 보여준다.

그 뒤로 여러 다단계 사업들이 한국 사회 네트워크 비즈니스의 일부를 담당하면서 꾸준히 증가해왔지만, 계속되는 불법 행위 등으로 그에 대한 인식은 처참한 수준으로 전락했다. 그러던 1991년 상공자원부(현 통상산업부) 유통산업과는 방문판매 등에 관한 법률을 통해 다단계 판매에 대한 규제를 강화했으며, 1992년 7월 개정 방문판매에 관한 법률이 시행되면서 다단계는 합법화의 길을 걷게 되었다.

그렇다면 이처럼 합법화까지 고난을 거쳐 온 네트워크마케팅이 이제는 여러 연구와 관심 속에서 많은 유수의 기업들에게 적용되고 있는 이유는 무엇일까?

네트워크마케팅이 21세기의 새로운 유통 방식으로 자리 잡게 된 것에는 여러 배경이 있겠지만 그 중에 가장 큰 것은 디지털과 네트워크 사회의 도래다. 그렇다면 다음 장에서는 이 네트워크마

케팅이 어떤 배경 속에서 급성장하고 있는지를 디지털 네트워크
시대와 디지털 대중들과의 관계 속에서 살펴보도록 하자.

34) 디지털 대중과 네트워크마케팅의 관계를 살펴라

현대 경영학의 석학인 피터 드러커는 2000년대 이후에는 모든
산업들이 생산을 넘어 마케팅을 중시해야 한다고 주장하며, 그중
에서도 고객의 중요성을 언급했다.

"고객은 사업의 기초이며 존재의 이유이다. 고객만이 고용을
창출한다. 사회가 부를 낳는 자원을 기업에 위임한 것은 고객에
게 그것을 공급하기 위해서다. 기업의 목표는 고객을 창출하는
데 있으므로 모든 기업은 오직 두 가지 기능, 즉 마케팅과 혁신에
만 전념하면 된다. 마케팅은 제품을 두드러지게 만드는 특이한
사업 기능이다. 모든 사업을 최종 결과의 관점에서, 즉 고객의 관
점에서 보는 것을 말한다. 따라서 마케팅에 관한 관심과 소명이
모든 사업 분야에 확산되어야 한다."

지금의 경제 환경에서는 물건뿐만 아니라 아이디어와 이미지
가 상품 자체만큼이나 중요하다. 21세기 네트워크 경제에서는 물
건 안에 담겨 있는 이야기와 개념까지도 하나의 상품으로 팔려나

가기 때문이다. 미래로 갈수록 유형 재산보다는 특허, 저작권 같은 무형재산의 중요성이 점점 커지는 것도 이 때문이다.

게다가 앞으로는 오프라인 매장뿐만 아니라 다양한 인적 네트워크 속에서 상품 판매가 이루어지는 만큼, 기업의 성공과 매출도 고객들과 얼마나 장기적인 유대관계를 맺고 거리를 좁힐 것인가로 좌우된다.

실제로 디지털 대중은 일반 대중과 다르다. 그들은 더 다양한 체험과 경험 속에서 물건들을 소비하고, 그 안에서 심리적 안정을 얻는다. 또한 고된 노동에 길들여졌던 지난 산업 시대와는 달리 문화 주체로서 즐기고 체험하는 것을 중시 여긴다. 최근 들어 노동의식이 유희의식으로 바뀌고 '놀이의 상품화' 현상이 발생하는 것도 이런 디지털 대중의 특징과 관련이 있다.

이 상황에서 디지털 대중과 가장 밀접한 통로는 단연 온라인, 즉 사이버 스페이스다. 이곳은 기업과 고객과의 중요한 연결 통로로서 상거래 핵심이 되고, 국경선과 장벽도 뛰어넘는다. 실로 요즘 소비자들은 전 세계의 쇼핑몰에 들러 직접 물건을 고르고 결제를 한 뒤, 유통업체를 거치지 않고 직배송을 받는다. 또한 이들 사이트들도 국적 없는 디지털 대중을 사로잡기 위해 노력을 기울이고 있다.

나이키의 사례를 보자. 나이키는 제품 품질도 뛰어나지만 정교

한 마케팅 기법과 유통망을 자랑하는 다목적 연구실과 같다. 이들은 적시에 스타 마케팅과 혁신적인 이벤트 등으로 세계 대중의 눈과 귀를 사로잡는다.

이처럼 네트워크 경제에서는 제품도 중요하지만, 아이디어와 재능이 더 중요하다. 이로 인해 앞으로는 부동산·화학·철강처럼 물리적인 고정 자산만 가진 기업은 승승장구하기 어려워질 것이다. 심지어 마이크로소프트의 경우, 그들의 유일한 자산은 '직원들의 상상력'이라고 말하지 않는가?

이제 높은 품질과 순발력이 성공의 기초가 되던 산업시대는 끝났다. 상품 그 자체가 아닌 그 상품에 가치를 부여해야 디지털 대중이라는 거대한 무리를 사로잡고 이들과 장기적인 관계를 맺어야 한다. 이는 앞으로는 생산 중심보다는 마케팅 중심의 산업이, 판매 중심에서 관계 구축 중심의 사업이 살아남을 것임을 보여준다.

같은 맥락에서 네트워크마케팅도 장기적인 관계 안에서 훌륭한 네트워크를 만들어가는 것만이 사업을 성공시키는 길이 된다. 그렇다면 어떻게 이 디지털 대중들의 욕구를 이해하고, 이들과 장기적인 관계를 유지할 수 있을지를 살펴봐야 할 것이다.

35) 미래의 소비자, 블루슈머가 뜬다

블루슈머란 블루오션(Blue ocean)과 컨슈머(Consumer)의 합성어로 경쟁자가 없는 시장의 새로운 소비자 그룹을 뜻한다. 예를 들어 '아침을 거르는 20대, 피곤한 직장인, 범죄를 무서워하는 여성, 일하는 엄마 등' 처럼 일반적 카테고리로 묶어낼 수 없는 복잡다단한 소비 계층이 블루슈머다. 이는 그만큼 시장이 세분화되고 소비자들의 요구도 다양해졌다는 것을 보여준다.

인간은 누구나 사회 현상에 지배를 받는다. 예를 들어 인터넷, 무선전화, DMB, 영상 전화와 같은 정보통신 기술이 우리 생활을 얼마나 크게 변화시켰는가. 이처럼 사회가 변하면 사회 속 구성원들도 예전에 하던 것을 하지 않게 되거나, 예전에는 안 하던 새로운 행동을 하게 된다. 마찬가지로 블루슈머도 시대 변화에 따라 자신의 소비 영역을 새로이 구축하고, 그 안에서 독특한 소비 형태를 만들어가는 사람들이다. 즉 이들은 사회적 일원인 동시에 각자의 변칙을 가진 독립적 개인인 것이다.

그리고 이 같은 소비자의 양상 변화는 기업들도 다양한 고객에게 걸맞은 다양한 대처 방식을 마련해야 한다고 경고한다. 낡은 원칙주의로는 이 다양하고도 개성적인 고객들을 쫓아갈 수 없다는 뜻이다.

네트워크마케팅도 마찬가지다. 지금까지 네트워크마케팅은 다양한 인적 네트워크를 바탕으로 큰 성과를 거두었다. 그러나 이론이나 사업에 '영원히 깨지지 않는 안정'이란 없다. 완성된 이론이나 사업은 어디까지나 환상일 뿐, 이론과 사업은 환경과 변화 속에서 얼마든지 변하고 수정되어야 한다. 변화의 양상을 응시하고 분석해 그 변화에 빠르게 대처해야 하며 새로운 가치를 실현해야 한다. 그러려면 분명한 시장 목표를 정해 놓아야 한다. 즉 어떤 소비자를 선택할 것인지 먼저 결정해야 한다.

예컨대 소모성 제품을 전달했다면 생활 필수품의 종류와 품질, 기존 제품과의 가격 경쟁력, 시장에서의 비교 우위를 놓고 마케팅 전략을 짜야 한다. 또한 소비자가 진정 원하는 바는 무엇인지, 개선점은 없는지 끊임없이 연구해야 한다.

그리고 이런 면에서 21세기의 네트워크마케팅은 소비자를 분석하고 이들의 행동양식과 사고방식 등을 이해할 줄 알아야 한다. 소비자가 없으면 기업도 없고, 더 나아가 그것을 소비하는 사업자도 없는 것이다. 한때 무분별한 불법 피라미드가 난무했던 것도 이 같은 소비자의 변칙성은 무시되고 무작정 수익만을 거두려는 사업자의 이기심이 득세했기 때문이다.

그러나 네트워크마케팅은 소비자이자 사업자의 입장에서 이윤을 얻는 사업인 만큼, 사업자 그 자신이 소비자로서 행동하고,

소비자로서의 자신을 이해하는 일이 반드시 선행되어야 한다.

36) 당신의 로열티는 무엇인가?

현대는 소비 생활과 밀접하게 관련되어 있다. 당장 내 주변을 둘러보자. 이 수많은 물건들은 모두 돈을 주고 구입한 것이다. 내 손으로 직접 만든 것은 아무것도 없다.

그렇다면 과연 이 모두를 어디서 어떻게 구입한 것인지 질문을 던져보자. 나는 과연 특정 단골 상점에서 물건을 구입하는가? 아니면 쇼핑할 때마다 상점을 바꾸는가? 인터넷 쇼핑몰이나 홈쇼핑을 자주 이용하는가? 식당이나 병원이나 미용실도 단골로 이용하는 곳이 있는가? 만일 있다면 왜 그런가?

그곳의 품질이나 성능은 다른 곳보다 뛰어난가? 아니면 가격이 싼가? 집이나 직장에서 가깝고 이용하기 편리하기 때문인가?

이 질문들을 던져보면 내가 어떤 소비 성향을 가지고 있는지를 알게 되며, 이 성향에 직접적인 영향을 미치는 한 요인을 알게 된다. 바로 로열티라는 것이다. 우리는 누구나 로열티를 가진 물품이나 상점에 혹한다. 포인트 카드나 멤버십 카드 등도 이런 로열티를 이용한 것이다. 다음은 일반 소비자들이 로열티를 찾게 되는 이유다.

- ▶ 품질, 디자인 등 상품의 품질이 뛰어나서
- ▶ 가격이 싸서
- ▶ 포인트, 마일리지 같은 로열티 프로그램 때문에
- ▶ 이용하기 편리해서
- ▶ 예전부터 습관적으로 이용해 와서
- ▶ 독과점적이라 선택의 여지가 없어서
- ▶ 특정 회사와 개인적 관계 때문에
- ▶ 특정 브랜드나 특정인이 마음에 들어서

보면 알겠지만 로열티는 상품에만 해당된 것이 아니라 서비스, 개인적 취향, 관계, 혜택 등 많은 부분들이 복합적으로 얽혀 구성된다.

그렇다면 네트워크마케팅과 로열티에는 어떤 상관관계가 있을까? 네트워크마케팅은 단적으로 말하면 이런 로열티를 사업자 자신에게 부가시키는 사업이라고 할 수 있다. 직접 써본 물건을 타인에게 권하고, 그 사람이 또다시 나를 찾게 만드는 일, 즉 업체가 가지는 로열티를 사업자가 가지는 것이다.

따라서 나의 네트워크에서 활동하는 소비자들이 나의 어떤 점을 로열티로 삼고 있으며, 한 개인 사업자로서 어떤 로열티를 추가할 수 있는지에 대한 구체적인 고민이 필요하다. 그 방법은 의외로 간단할 수 있다. 지금부터 다음의 질문을 던져보자.

만일 어떤 단골집에 발길을 끊었다면 왜 그랬는가? 그 이유를 명확히 알고 있는가? 왜 어떤 사람은 내 물건을 사고 나서도 다시 재구매를 하며 지속적으로 관계를 맺는가? 그리고 왜 성공한 사람들은 많은 고객들을 훌륭하게 관리할 수 있는 것일까? 그 이유를 명확히 알고 있는가?

당신의 고객 한사람, 한 사람 별로 그 사람이 내 물건을 찾는 이유를 잘 알고 있는가? 과연 나의 로열티는 무엇인가?

37) 기술 혁명이 비즈니스의 형태를 바꾼다

여러분은 다음에는 어떤 세상이 올지 예측할 수 있겠는가? 현재 우리가 살고 있는 세상은 이른바 유비쿼터스로 나아가고 있다. 유비쿼터스란 '언제 어디서나' 라는 뜻을 가진 용어로 농업혁명, 산업혁명, 정보혁명에 이어지는 제4의 디지털 네트워크 혁명을 뜻한다.

과거 IT 혁명의 중심축은 컴퓨터였다. 이제는 그 자리를 인터넷과 모바일이 차지했다. 모바일은 이 시대의 필수품이자 여기에 인터넷 접속망이 상용화되면서 유비쿼터스 세상도 한층 가까워졌다. 예를 들어 집에서도 근무를 하거나 수업을 들을 수 있을 뿐 아니라 백화점이나 할인점도 직접 가지 않고 쇼핑을 즐길 수 있다.

게다가 약 20년 전만 해도 예상치 못했던 디지털 모바일 기기의 활약이 앞으로 더 활발해질 전망이다. 지금도 우리는 디지털 카메라, MP3, 게임 등 다양한 엔터테인먼트 기능이 탑재된 핸드폰으로 인해 생활과 소비 형식이 달라지고 있다.

네트워크마케팅도 마찬가지로 이런 통신혁명에 지속적인 영향을 받아왔다. 아마 한번쯤 엑셀이라는 통신회사의 이름을 들어 봤을 것이다. 엑셀은 통신의 발전이 급속도로 이루어질 무렵 네트워크마케팅으로 돌파구를 마련한 유명한 회사다.

1988년 텍사스 석유 사업가인 케니 A 트롯이 거대통신회사인 AT&T로부터 회선을 임대받아 재판매 수익을 얻는 별정통신회사를 설립했다. 그러나 난립한 별정통신회사들 사이에서 치열한 경쟁에서 악전고투할 수밖에 없었다.

그러던 어느 날, 스티븐 스미스라는 네트워크 전문가가 회사를 방문했다. 당시 스미스는 소모적인 방법으로는 경쟁 상대들을 물리칠 수 없다며 네트워크마케팅 사업을 제안했고, 이후 엑셀은 스미스의 제안을 검토해 1989년 정식으로 네트워크 사업을 시작했다.

이때 엑셀은 MCI라는 회사를 전범으로 삼았다. MCI는 거대통신회사인 AT&T의 독점을 네트워크마케팅으로 깨뜨린 신화적인 기업이었다. 이 집에 가도 AT&T 가입자가 있고 저 집에 가도 AT&T 가입자인 상황에서 이들은 암웨이를 찾아가 이미 구축된 암웨이의 네트워크에 자신들의 상품을 올렸고, 그 결과 수많은 소비자를 가입자로 끌어들인 것이다.

결국 엑셀은 MCI의 공격적인 네트워크마케팅의 유용한 성과를 모방해 시장에 뛰어들었다. 결과는 대 성공이었다. 먼저 한 명을 가입시키면, 그 사람이 친구와 가족을 가입시키고, 그 사람이 그 다음에 또 다른 사람을 가입시키면서 가입자는 점점 불어났다. 게다가 입에서 입으로 전해지는 구전 효과로 총매출의 단 1%도 낭비하지 않고 치열한 통신경쟁 시장에서 400만 명 이상 가입자를 달성함으로써 엑셀은 전 세계 1,300조원 이상의 통신시장 이익의 3% 이상을 점유했다. 실제로 1990년도 후반기 미국에서 사회, 경제, 문화적으로 가장 센세이션을 일으킨 회사를 들라면 모두 엑셀을 꼽을 정도다.

실로 통신 산업이 급성장하는 가운데 통신은 누구에게나 필요한 필수 요건이 되어가고 있는 상황이었다. 그리고 이 같은 시대의 요구에서 수익을 얻는 방법으로 네트워크마케팅은 아주 효과적인 도구임이 분명했다.

즉 엑셀의 성공 요건은 다음과 같다. 앞으로 다가올 통신 시장의 확장, 안에서 돈 되는 정보를 찾아낸 관찰력, 그리고 그것을 실천한 행동력이다.

38) 왜 기업들은 네트워크마케팅에 열광하는가?

앞서 우리는 수많은 기업들이 네트워크마케팅을 자신들의 마케팅 방식으로 이용하고 있다는 것을 배웠다. 기업은 이윤 추구 집단이다. 즉 어떤 마케팅 방식을 도입할 때 그 성공과 실패 여부를 치밀하게 따진다.

그렇다면 왜 기업들은 네트워크마케팅에 열광하는 것일까? 만일 그 부분을 제대로 짚어낼 수 있다면, 이를 개인 사업자 자신에게도 적용시켜볼 수 있다.

1. 마케팅 비용에 대한 위험 부담이 줄어든다
: 기업의 제품 출시 비용 중 가장 큰 부분을 차지하는 것이 바로 광고다. 그러나 네트워크마케팅에서는 광고가 필요 없다. 상

품 정보가 소비자이자 유통 사업자를 통해 전달되고 상품이 팔려
도 이들에게 따로 비용을 지급할 필요가 없기 때문이다.

　2. 재고 부담이 낮다

　: 네트워크마케팅은 먼저 결제를 하고 상품이 배달된다. 이러
면 기업 입장에서는 상품을 준비하는 데 충분한 시간을 갖게 되
는 만큼 여유롭게 생산량을 조정해 재고를 줄일 수 있다.

　3. 기업의 판매 수익이 증가한다

　: 네트워크마케팅은 소비자 직접유통방식으로 중간 단계 비용
이 들어가지 않는다. 결과적으로 중간상이나 광고, 프로모션에
들어가던 비용으로 이익 분배를 해도 더 많은 이윤을 창출할 수
있다.

　4. 충성고객을 두게 된다

　: 네트워크마케팅 고객들은 단순 소비자가 아니라 그 상품을
타인에게까지 전달하는 가장 충성도 높은 고객이다. 이런 면에서
네트워크마케팅은 장기적 고객 유지에 가장 효과적인 판매 방식
이다.

5. 안정적인 현금 흐름을 가져다준다

: 네트워크 마케팅은 현금을 선금으로 받는 비즈니스인 만큼 네트워크마케팅을 이용하면 다른 어떤 기업보다도 탁월한 현금 흐름을 갖게 된다.

7. 사이버 공간을 활용할 수 있다

: 네트워크 마케팅은 오프라인에서도 이루어지지만 온라인에서도 충성 고객을 만들 수 있다. 회사가 사업자들을 통해 물리적 상품 이상의 고급 정보를 유통시키는 것이다. 사업 기회에 대한 정보, 보상플랜에 관한 정보가 더 많은 사업자들을 모집할 수 있다.

8. 고객과 회사가 윈윈 (win-win)한다

: 소비자 입장에서 좋은 품질의 상품은 심리적 만족감을 안겨 준다. 게다가 거기에서 이득까지 얻을 수 있다면 금상첨화다. 또한 회사를 통해 자세한 소비와 사업 정보를 얻을 수 있고 회사는 보다 품질 높은 상품을 개발하고 공급하는 데만 최선을 다 하게 된다. 즉 소비자, 기업, 서비스 제공자들 모두 윈, 윈, 윈 (win-win-win)할 수 있는 구도를 만들 수 있다.

39) 고급 정보를 얻는 자가 세상을 지배하게 된다

21세기는 이른바 불확실성의 시대다. 디지털 네트워크상에 너무 많은 정보가 흘러 다닌다. 이중에 유용한 정보를 선택하고 가려내는 건 쉽지 않음에도, 많은 이들이 급변하는 환경을 파악하며 유용한 정보를 얻기 위해 이 정보의 바다를 헤맨다.

오늘날 디지털 네트워크를 활용하지 못하는 기업은 더 이상 생존할 수 없다는 건 누구나 아는 사실이다. 온오프라인 네트워크를 장악해 그 안의 경제를 지배하고 수익을 얻지 못하는 기업은 필연적으로 생존의 위기에 직면하게 된다.

예를 들어 과거 산업사회에서는 일반 기업과 선도 기업 사이의 생산성 격차가 15%에 불과했다. 그러나 디지털 경제시대로 진입한 2000년 이후, 이들의 생산성 격차는 40%대까지 벌어졌고, 매년 그 격차 폭이 확대되고 있다고 한다.

누가 네트워크와 정보를 지배했느냐에 따라 먹고 먹히는 관계가 설정되는 것이다. 이제는 정보에 따라 빈익빈 부익부가 가속화될 것이며, 양질의 정보를 얻지 못하는 기업이나 개인은 절대 빈곤층으로 하락하게 될 것이다.

최근 사회적 이슈로 떠오른 중산층 붕괴도 결코 개인에게만 일어나는 일이 아니다. 앞으로는 기업과 사업자 모두 자칫 잘못하

면 절대 빈곤층으로 떨어지게 된다. 즉 '부자가 되지 않으면 절
대 빈곤층을 추락하는 시대'가 다가오고 있다.

이 같은 상황에서 네트워크의 지배는 생존을 위한 노력과 같아
졌으며, 따라서 좋은 정보를 바른 통로를 얻어야 할 중요성도 강
조되고 있다.

그렇다면 여러분은 지금 어떤 노력을 하고 있는가? 아직도 산
업사회의 생각에 사로잡혀 폐쇄되고 협소한 사고방식으로 살아
가고 있지는 않은가?

만일 그렇다는 생각이 든다면, 바로 그 순간이 자신을 변화시
킬 때이다. 시대를 읽고 자신의 미래를 읽어낸다는 생각으로 또
한 번의 도전을 감행해야 한다.

40) 달콤한 것을 경계하고 실수에서 배워라

인간은 이성과 감정이라는 두 창을 통해 세상을 평가하고 선택
을 내린다. 그러나 돌이켜보면 사실상 사람은 이성보다는 감정이
더 발달한 동물인 듯하다.

몸에 좋은 것은 쓰고, 나쁜 것은 달콤하다는 말처럼, 나쁜 거짓
말은 대개 달콤하게 다가온다. 특히 자본주의 사회에서 가장 달

콤한 거짓말은 '돈에 대한 거짓말' 일 것이다. 일확천금에 대한 거짓말, 노력 없이도 부자가 될 수 있다는 거짓말, 누구나 성공한 다는 거짓말 등이다. 그리고 지금까지 달콤한 거짓말에만 귀를 기울여 왔다면, 이제는 쓴 소리에 귀를 기울일 필요가 있다. 귀에 달콤한 것은 입이 쓰고, 귀에 쓴 말이 나중에는 오히려 좋은 결과로 돌아오는 경우가 많지 않은가.

나아가 이제는 성취와 성과에 취해 있는 시간을 줄이고, 쓰디 쓴 실패에서 또 한 번 배워야 한다. 누군가 IBM의 창시자 왓슨 시니어에게 '회사에서 인정받고 승진하려면 어떻게 해야 하느냐' 고 묻자 그는 이렇게 대답했다.

"예전보다 실수하는 횟수를 두 배로 늘리시오."

성공한 사람들의 일화를 보면 화려하지만은 않다. 이들은 실패 가운데에서 길을 찾고 오히려 강한 사람으로 성숙했다.

사실 실패자는 실패 때문에 생기는 것이 아니다. 그 실수나 실패로부터 배우고 한 발자국 나아가는 사람은 실패자가 아니다. 반대로 그 실패로 인해 모든 것을 포기한 사람, 그가 바로 실패자다.

우리는 두려움 때문에 자신이 꿈꾸는 삶으로 나아가지 못한다. 실수할지 모른다는 두려움, 실패할지 모른다는 두려움, 다른 사람을 실망시키는 것에 대한 두려움. 이 모든 두려움은 그로 하여금 용기를 꺾고 현실에 안주하게 만든다. 그러나 더 이상 두려움이 당신의 조언자가 되도록 놓아두어서는 안 된다. 여기서 미국의 토크쇼 진행자인 오프라 윈프리의 한마디를 들어보자.

"나는 실패를 믿지 않는다. 당신이 중간에 재미를 느꼈다면 그것은 실패한 것이 아니기 때문이다."

그렇다. 실패라는 것은 우리의 두려움이 만들어낸 상상에 불과할지도 모른다. 거기에는 오직 실패가 아닌 과정이 있을 뿐이다. 세상의 모든 위대한 성공들은 거의 초반의 실패를 딛고 얻어진 것이라는 것도 이 점을 증명하고 있지 않은가?

41) 인간은 나태함 때문에 실패한다

목표를 정하기는 쉬워도 그 목표에 도달하는 것은 쉽지 않다. 그러나 목표 없는 삶 만큼 힘든 것이 없으니 목표가 있다는 자체만으로도 행복한 일이다.

흔히 자신에게 어떤 능력이 있는지도 모르고 그저 살아가는 사람들이 많다. 그러나 인간은 자기가 가진 모든 능력을 남김없이 발휘한 다음에야 비로소 삶이 무엇인지를 희미하게나마 알게 된다. 그것이야말로 우리가 인간으로 태어나 자신의 소명을 다하게 되는 이유일 것이다.

소프트뱅크 이사이자 사장인 손정의는 이렇게 말했다.

"기업가는 꿈을 강렬하게 가지고 또 거기에 빠져든다. 생겨나는 수많은 문제점들을 무슨 일이 있어도 해결하고야 말겠다고 생각하는 것, 이것이 바로 기업가가 가져야 할 가장 중요한 자세라고 생각한다."

기업인으로서의 의지와 신념, 나아가 삶의 형태와 목표를 엿볼 수 있는 대목이다. 굳이 손정의처럼은 아니어도 좋다. 의미 있게 살고 싶다면 선택의 여지가 없다. 내게 걸맞은 목표를 세우고 매진해 나아가야 한다.

보통 사람과 뛰어난 사람을 구분하는 하나의 잣대가 있다. 바로 그 사람이 만족과 편안함을 얼마나 즐기는가다. 만족에 굴복하는 것은 평범한 사람들에게는 축복이겠지만, 열망하는 사람에게는 독과 같다. 모든 사람이 그저 만족만 하고 산다면 더 나은 세상은 결코 오지 않는다. 지금까지 이뤄온 모든 놀라운 성과들은 모두가 각자의 영역에서, 각자의 능력 범위 안에서 최선을 다한 결과다.

목표를 정하는 순간, 이미 세상은 내게 아주 중요한 곳이 된다. 그때부터 우리의 모든 행동은 우리를 목표로 가깝게 이끌게 된다. 세상에 중간은 없다. 결정을 확고하고 신속하게 하라.

또 하나, 결단의 순간을 이기고 차후 승리의 순간을 맛볼 때 또 한 번의 자성이 필요하다는 점도 기억해야 한다. 그 승리의 순간 이 항상 지속되는 건 아니라는 점이다.

경제가 호황일 때 대부분은 '이 호황이 영원히 지속될 것'이라 고 생각한다. 한동안 돈이 잘 들어오면 앞으로는 더 많이 벌게 될 것이라고 믿는다. 그러나 훌륭한 재정 상담인들은 항상 흉년을 대비해 지금을 더 충실하게 살라고 강조한다.

두 번째는, 좋은 시기를 좋은 시기로 여기지 못하는 잘못도 경 계해야 한다. 곤궁하다고 느껴도 그것이 사실은 풍년이자 행복임 을 알아야 한다는 뜻이다. 사람들이 하고 싶은 일을 정작 하지는 않는 이유는 좀 더 호황일 때 시작하겠다며 미루기 때문이다. 그 러다가 흉년이 닥친 다음에야 비로소 '그때 해볼 걸' 후회한다.

즉 우리는 자신의 예측이 빗나갈 수 있음을 인지해야 한다. 동 시에 지금 내 상황이 어떤지, 이 순간 할 수 있는 최선은 무엇인 지를 항상 인식해야 한다.

나태함을 경계함으로써 얻어지는 이 같은 삶에 대한 겸손함은 지금뿐만 아니라 앞으로 다가올 난관들까지 이겨내는 힘을 줄 것 이다.

42) 변화를 위한 5단계 법칙을 기억하라

사회적 변화는 결코 한순간에 일어나지 않는다. 또한 사회적 구성원으로서 살아가는 우리 또한 신중한 과정을 거쳐 변화를 이루게 된다. 다음은 변화의 다섯 단계를 언급한 것으로 이 다섯 단계가 모두 변화할 경우, 우리의 삶은 근본적인 변화를 맞이하게 될 것이다.

① 현실 파악 : 현재 상태를 둘러본다. 온통 만족스럽지 못한 것들 투성이다. 따라서 변화를 위해선 무언가 해야 한다고 생각하게 된다.

예 : 책상 위에 업무들이 산더미처럼 쌓여 있다. 이처럼 업무에 치여 스트레스를 받으면서도 정작 업무 처리에는 게을렀던 당신, 뭔가 변화가 필요하다고 생각해 룰을 정한다. 오늘 이것을 모두 처리할 때까지는 절대 자리에서 일어나지 않겠다는 결심이다.

② 깨달음 : 아무리 집중해도 일이 진전되지 않는다면, 뭔가 문제가 있다는 것을 깨닫고 이를 해결하기 위한 방법을 모색할 필요가 있다.

예 : 계속 일했는데도 업무가 줄지 않자, 무언가 이 방법이 잘

못되었다는 것을 느끼고 자신에게 질문하기에 이른다. '어떻게 해야 효과적으로 일하고 좋은 결과를 얻을 수 있을까?' 이때는 새로운 기술과 전략을 위해 관련 서적을 찾아 읽기도 하는 등 애를 쓴다. 하지만 지속적이고도 결정적인 변화는 좀 더 기다려야 한다.

③ 모방 : 뭔가 새로운 시도를 했는데도 큰 도움이 되지 않고, 책에 쓰인 글귀들은 현실에 와 닿지 않는다. 누군가 나를 도와줄 수 없을까 생각하지만 딱히 그런 사람도 없다. 그럴 때는 그 분야에서 성공한 사람들을 모방해야 한다.

예 : 모든 것이 뒤죽박죽이고 근본적인 문제를 해결하자니 시간과 노력이 너무 많이 든다면, 룰 모델을 모방하라. 평소 자신이 감탄해 마지않는 모범이 되는 사람을 마음의 스승으로 삼아 그의 삶과 나의 삶을 겹쳐보며 길을 찾아본다.

④ 정체성의 변화 : 사람은 겉껍데기만 바꾼다고 변하는 것이 아니다. 가장 강력한 변화는 정체성, 즉 내면의 깊은 곳을 바꿀 때 생긴다. 그 시작은 바로 자기가 자기 자신을 바라보는 시각에 대한 문제다.

예 : 같은 사업이라도 자신을 영업사원으로 생각하는지, 아니면 전문가로 보는지에 따라 실적도 분위기도 달라질 수 있다. 자신을 바라보는 시선을 바꿔 일종의 자기암시로 삼으면 미래가 달라진다.

Q&A 네트워크비즈니스, 이 정도는 알고 하자

Q / 1. 회원을 통해 돈을 버는 구조입니까?

A : 불법 피라미드에서는 업라인이 다운라인에게 강제로 물건을 떠넘기는 식으로 이윤을 착취하지만, 정상적인 네트워크마케팅은 경험이 많은 사람과 이제 시작한 사람이 팀을 구성해 서로 도우며 사업을 진행할 뿐 상하 관계는 존재하지 않습니다. 또한 누군가를 회원으로 가입시켜 큰 금액을 받는 것도 아닙니다. 이는 그와 좋은 파트너가 되어 함께 이윤을 얻고자 함이며, 좋은 정보를 공유함으로써 더 큰 성공을 이루고자 하는 것일 뿐 회원을 통해 돈을 버는 것이 목표는 아닙니다.

Q / 2. 먼저 시작하는 사람이 유리합니까?

A : 그렇지는 않습니다. 신규 사업자가 기존 사업자를 훌쩍 뛰어넘기도 하고, 훌륭한 사업 방법으로 단기간에 성장하는 사람들도 있습니다. 나아가 네트워크 비즈니스는 최선의 자본금으로 시

작하므로 도산이라는 것이 존재하지 않을뿐더러, 얼마나 열심히 사업을 펼치느냐에 따라 성과가 달라집니다. 먼저 시작한 사람이 유리하다는 말은 근거가 없다고 봐야합니다.

Q / 3. 경제적 여유가 없는데 사업을 할 수 있나요?

A : 많은 이들이 이 사업을 시작하는 것도 지금보다 경제적 여유를 가지기 위해서입니다. 즉 돈이 없기 때문에 돈을 벌려고 하는 것입니다. 이 사업은 큰돈이 드는 것이 아닙니다. 생활용품은 일종의 소모 상품이자 기호 상품이므로 어차피 사용 후 바꿔야 합니다. 다만 이 기회에 소비 형태를 바꾸는 것뿐입니다.

Q / 4. 과거 비슷한 사업을 해본 이들이 돈이 안 된다고 하던데요?

A : 아이템이 좋다고 그 사업이 모두 성공하는 것은 아닙니다. 무조건 일반화하기 전에 과거의 사업이 어떤 형태였는지 돌이켜 보고 그 다음에 비교를 해보면 네트워크 사업을 좀 더 잘 이해하게 되지 않을까요?

Q 5. 시간 소비가 많을까요?

A : 우리가 이 사업을 하는 것은 좀 더 큰 시간적 자유를 얻기 위해서입니다. 이 사업은 자리를 잡으려면 2~3년이 걸립니다. 어찌 보면 다른 사업들에 비해 많은 시간을 필요하지 않은 것일 수도 있습니다. 자신과 미래를 위해 투자한다고 생각하면 결코 긴 시간은 아닙니다.

Q 6. 전달과 모집이 어렵다던데요?

A : 네트워크 사업은 물건 하나를 팔기 위해 초인종을 누르는 영업 형태가 아닙니다. 일단 시스템이 구축되면 자연스럽게 재구매가 발생합니다. 따라서 정보를 잘 전달해 이를 서비스로 연결하면 저절로 비즈니스가 이루어집니다.

Q 7. 말을 잘 못해서 걱정인데 괜찮을까요?

A : 이 사업은 말로 유혹하는 사업이 아니며, 말을 못하는 게 오히려 나을 수 있습니다. 있는 그대로만 이야기하는 것이 진실성을 전달하는 데 낫기 때문입니다. 또한 아무리 말 잘하는 사람

도 처음부터 그랬던 건 아닙니다. 이 부분은 차근차근 배우면 됩
니다.

Q / 8. 인맥이 없어서 어렵지 않나요?

A : 이 사업을 진행한 많은 이들의 경험으로 볼 때, 이 사업에
는 결코 많은 인맥이 필요하지 않습니다. 믿을 만한 몇 사람만이
라도 서로 도우며 이끌어 가면 됩니다. 또한 사업을 하다 보면 자
연스레 인맥을 만들 기회가 다가옵니다.

성공하는 사업의 노하우는 있다

세상에는 많은 사업들이 있다. 하지만 모든 사업이 성공을 보
장하는 것은 아니다. 그런가 하면 똑같은 사업을 해도 어떤 사람
은 성공하고, 어떤 사람은 실패한다.

즉 성공한 사업이란 시대와 발맞춘 사업, 나아가 한 개인의 노
력과 의지가 합쳐진 결과물일 것이며, 간단히 정리하면 첫째, 아
이템이 시대의 흐름에 맞아 장기적으로 부가가치가 커져야 하
며, 둘째는 그것을 하고자 하는 마음가짐이 준비되어 있어야 할
것이다.

그리고 앞서 살펴보았듯이 이 두 가지 측면에서 네트워크 비즈
니스는 훌륭한 비즈니스 플랜을 통해 사업의 성공뿐만 아니라 성
공하는 사람의 라이프스타일을 지향하는 이상적인 사업이다.

사람은 누구나 어려운 시기일수록 돌파구를 찾기 위해 노력한
다. 하지만 그 돌파구를 뚫어가는 과정에서 예상치 못한 장애물
을 만날 때도 있다.

　스스로 자신의 능력과 상황에 한계를 짓고 의심을 가지는가 하면, 주변의 따가운 시선도 감수해야 할 때도 있다.

　그러나 성공에 대한 꿈과 희망은 먼저 시작하고 먼저 발로 뛰고 움켜쥐는 자의 몫이다. 희망이 먼저 우리를 찾아가는 것이 아니라, 우리 스스로 희망을 찾아야 한다. 훌륭한 도전은 언제나 사람을 꿈꾸게 하고, 열정은 뜻하지 않은 부를 안겨주기도 한다.

　시작은 바로 지금부터다. 네트워크비즈니스는 많은 지식이나 재능, 학벌과 성별 같은 조건을 필요로 하지 않는다. 모든 사업들이 그래왔듯이 겸손한 마음으로 배우고 성실하게 임하려는 열정만 있으면 못 뚫고 나갈 장벽이 없다.

　또한 네트워크비즈니스는 그 모든 과정을 통해 자신의 성장을 눈으로 확인할 수 있는 몇 안 되는 사업으로서 우리의 삶을 더 풍요롭게 만들어 줄 것이다. 정상에서 만납시다.